Theater der Zeit

MUT PALUCCA

Faszination und Verantwortung

PALUCCA HOCHSCHULE FÜR TANZ DRESDEN

100 JAHRE

Inhalt

* Studierende des 3. Studienjahres BA Tanz (2024/2025) der Palucca Hochschule

Grußwort der Kulturstiftung Dresden der Commerzbank

Mit ihrem Engagement trägt die Kulturstiftung Dresden der Commerzbank dazu bei, die kulturelle Identität Dresdens zu bewahren und die Ausstrahlung der sächsischen Landeshauptstadt als europäische Kulturmetropole zu stärken.

Seit ihrer Gründung im Jahr 1991 durch die Dresdner Bank versteht sich die Kulturstiftung Dresden der Dresdner Bank dabei als Partner bei der Umsetzung innovativer und zukunftsweisender Projekte und setzt dieses Engagement seit 2009 als Kulturstiftung Dresden der Commerzbank unverändert fort.

Die vielfältigen Förderprogramme der Kulturstiftung Dresden der Commerzbank haben zudem das Ziel, Menschen zusammenzubringen und eine demokratische, pluralistische Gesellschaft zu stärken. Auch der Brückenschlag zwischen Nationen und Institutionen, zwischen Generationen sowie Dresden und anderen Städten ist wichtiger Bestandteil des Kulturengagements der Stiftung.

Mit großer Freude unterstützen wir die Palucca Hochschule für Tanz Dresden[1], Deutschlands einzige eigenständige Hochschule für Tanz. Studierende aus dreißig Nationen erlernen hier Improvisation, Zeitgenössischen und Klassischen Tanz in den Studiengängen Tanz, Tanzpädagogik und Choreografie. Dabei ist die Palucca Hochschule mehr als ein Ort der Ausbildung und Lehre. Sie versteht sich zugleich als Laboratorium für die Zukunft des Tanzes.

Wir wünschen der Palucca Hochschule alles Gute für die Fortsetzung ihres erfolgreichen Wirkens.

Der Vorstand

1 Im Folgenden auch: Palucca Hochschule, in den Bildunterschriften: PhfT Dresden

Katharina Christl

Warm-up der Rektorin der Palucca Hochschule für Tanz Dresden

MUT im Tanz? Im Saal ist er beim Erlernen jedes ersten Schrittes vonnöten, bei jedem Versuch, sich auf einem Bein um 360 Grad zu drehen und dabei die Balance zu halten. Sehr viel Mut ist erforderlich, um komplexe Bewegungen innerhalb von wenigen Millisekunden auf der Bühne umzusetzen. In diesem kurzen Zeitfenster befinden sich Tänzer:innen in einem extremen Prozess intensiver Entscheidungsfindung. Es braucht Selbstvertrauen, um zu akzeptieren, dass die Zukunft einer Bewegung ungewiss ist, und sich ihr trotzdem voller Energie und Gestaltungskraft hinzugeben. Selbstvertrauen ist auch im alltäglichen Kampf darstellender Künstler:innen um ihr künstlerisches Überleben in der zeitgenössischen Kulturlandschaft vonnöten. Es ist ein Miteinander von Courage und Passion.

MUT ist Bewegung, hat nichts Statisches und ist kein in sich verschlossener Ort.

Als Palucca Hochschule für Tanz Dresden möchten wir ein offener Campus sein, um Tanz erlebbar und greifbar zu machen. Tanz bietet vielseitige Zugänge und Formate, um Menschen zu begegnen, zu begeistern und zu bewegen. Und wir brauchen dringend Bewegung in unserer Gesellschaft! Wir benötigen Orte und Momente, an denen Empathie selbstbewusst praktiziert wird.

Als Hochschule für diese wunderschöne Kunstform möchten wir für alle Studierenden, von den jüngsten, zehnjährigen Schüler:innen bis zu den ältesten Studierenden, einen Raum schaffen, um sich zu Partner:innen für eine mutige, individuelle und kreative Generation zu entwickeln. Es ist uns eine Herzensangelegenheit, gemeinsam mit ihnen MUT im Tanz zu leben und auch nach außen zu tragen.

Dieses Buch möchte zum Erinnern und Mutigsein anregen.

Es entstand in wunderbarer Zusammenarbeit vieler Beteiligter.

Wir bedanken uns bei den Autor:innen, Gesprächs- und Interviewpartner:innen Avatâra Ayuso, Dirk Baecker, Frédéric Coupet, Andreas Heise, Wagner Moreira, Nora Schott, Mario Schröder, Noé Valdes Vega, Hanne Wandtke und allen beteiligten Studierenden sowie den Fotograf:innen Monzer Alzakrit, Bersch, Bildermann, Andreas Birkigt, Nicolas Bühringer, Till Fiedler, Ana Garcia Segura, Bernd Hentschel, Adam Kłosin, Daniel Koch, Rostislav Komitov, Eugenia Morales, Uwe E. Nimmrichter, Kim Josephine Schölch, Dirk Skiba, Ashley Taylor, Jochen Wermann, Ida Zenna und Leo Ziems. Vielen Dank an Isolde Matkey für wertvolle Zusatzinformationen.

Beim Verlag Theater der Zeit bedanken wir uns wärmstens für die inspirierende, angenehme Zusammenarbeit.

In tiefer Dankbarkeit sehen wir uns der Kulturstiftung Dresden der Commerzbank für die wertvolle Unterstützung dieses ersten Buchprojekts verbunden.

Katharina Christl, Hiddensee, 2024, Foto: Till Fiedler

Angela Rannow

Es ist nicht immer nett. Aufforderung zum Tanz

Frisch, forsch, fröhlich

Palucca gilt heute als eine der bedeutendsten Vertreter:innen des Modernen Tanzes in Deutschland. Als sie im Alter von 23 Jahren zu unterrichten begann, war sie noch keinesfalls berühmt. Was sich retrospektiv als erfolgreiche Tanzkarriere im erschütterungsreichen 20. Jahrhundert liest, stellte sich für Palucca vielleicht eher als Vabanquespiel dar.

Passioniert, fantasievoll, präzise

Palucca schuf keine Technik, favorisierte jedoch bestimmte Themen, Inspirationsquellen und Methoden. Sie improvisierte: im Tanz, im Unterricht, im Leben.

Selbstbestimmt, schillernd, souverän

Palucca übertrug ihre Tänze nicht auf ihre Schüler:innen, obwohl sie jahrzehntelang unterrichtete. Es existiert kein Palucca-Repertoire, das gepflegt, bewahrt und weitergegeben werden könnte.

Kühn, keck, konsequent

Paluccas Schule, 1925 als private Schule des Modernen Tanzes gegründet, besteht heute als Hochschule des Tanzes weiter. Sie ist die einzige eigenständige Hochschule des Tanzes in Deutschland. Ausbildungsschwerpunkte sind der Klassische und Zeitgenössische Tanz sowie die Improvisation.

Direkt, divers, dynamisch

Worin Paluccas Erbe besteht, ist also eher offen. Freiheit als Geschenk und Auftrag. Woran lässt sich heute anknüpfen? Was ist heute kreativ anverwandelbar? Im Alter von 23 Jahren eine Tanzschule zu gründen, scheint fast unmöglich zu sein. Es erforderte auch damals Courage.

Palucca, PHfT Dresden, Hochschularchiv, undatiert, Foto: Evelyn Richter

Kurz, knapp, konzise

Das ist unser Thema: MUT PALUCCA. Wir knüpfen dabei an die Titelseite von Paluccas Werbebroschüre aus der Spielzeit 1926/1927 an. Hier findet sich allein der Schriftzug TANZ PALUCCA.

Sporadisch, spontan, speziell

Alle Autor:innen von Texten und Statements sowie Interviewpartner:innen sind der Palucca Schule beziehungsweise Palucca Hochschule für Tanz Dresden direkt verbunden.

Auf eine Einführung in das Thema MUT durch den Soziologen Dirk Baecker folgt eine Impro-Jamsession. Sie besteht aus Interviews mit und Texten von Palucca-Schüler:innen und Absolvent:innen verschiedener Generationen. Sie alle haben als Tänzer:innen und Choreograf:innen auf unterschiedliche Weise in die Gesellschaft hineingewirkt und nutzen tänzerische Power für ein Engagement auch jenseits der Tanzsäle.

Es jammen mit:

Avatâra Ayuso. Gründete und leitet eine Organisation, mit deren Hilfe sich Mädchen und Frauen durch und mit Tanz Führungsqualitäten aneignen können.

Andreas Heise. Begegnet dem Thema Traumatisierung von Tänzer:innen mit interdisziplinären Workshops.

Katharina Christl. War inmitten des ersten Streiks freischaffender Tänzer:innen in Europa gegen ausbeuterische Arbeitsverhältnisse als Tänzerin und Interessensvertreterin aktiv.

Wagner Moreira. Betrachtet Inklusion seit Beginn seiner Begeisterung für Tanz als Selbstverständlichkeit.

Palucca. Beteiligt sich ausschließlich mit Aussagen, die schon veröffentlicht wurden und aus den im Literaturverzeichnis aufgelisteten Quellen zitiert werden.

Nora Schott. Hat seit ihrer choreografischen Arbeit in einer Justizvollzugsanstalt einen anderen Blick auf ‚Delikte'.

Mario Schröder. Hielt es im Tanzsaal angesichts der Leipziger Montagsdemonstrationen von 1989 nicht mehr aus und erlebte die folgenden Entwicklungen in Leipzig als ganz besonders spannend.

Noé Valdes Vega. Findet, dass wir alle Heimatsuchende sind und arbeitet daher mit Menschen, die das in unserer Nähe tun wollen.

Hanne Wandtke. Fiel insbesondere seit den 1980er Jahren durch provokative Aktionen (Performances) sowie brisante Reden in der Palucca Schule und im öffentlichen Raum auf.

Studierende des 2. und 3. Studienjahres BA Dance des Studienjahres 2024/2025 der Palucca Hochschule. Haben sich mit ausgewählten Facetten des Themas Mut in theoretischen Lehrveranstaltungen befasst. Zwölf Studierende beteiligen sich mit eigenen Texten an dieser Aufforderung zum Tanz. Bei den verstreut platzierten Aussagen ohne Nennung der Autor:innen handelt es sich um Gedanken, die Studierende während der theoretischen Mut-Erkundungen geäußert haben.

Nein, die Studierenden dachten nicht zuerst an Enfants Terribles des zeitgenössischen Tanzes wie Florentina Holzinger. Für sie verbindet sich Mut zuerst mit Eignungstests, Aufnahmeprüfungen und Auditions, mit Prüfungsstress, Angst und Konkurrenz.

Tanzunterricht wie Improvisation, Pas de deux und Partnering erfordern Courage. Das ist plausibel. Doch obwohl Tänzer:innen in der Regel viele Jahre lang klassischen Tanz praktizieren, fordert er ihnen immer wieder Mut ab.

Tänzer:innen und Choreograf:innen werden wegen ihres aktiven Widerstands gegen autoritäre politische Regimes inhaftiert.

Beharrlich thematisieren Choreograf:innen politische beziehungsweise gesellschaftliche Missstände.

Andere zeigen Mut, indem sie gegen etablierte Tanzästhetiken rebellieren, neue Bewegungs- und Improvisationssysteme entwickeln, ungewohnte Körperbilder präsentieren oder sich gar der Bewegung verweigern. Das gilt auch für Normen und Stereotype im Theaterbereich insgesamt, die Rolle des Publikums eingeschlossen.

Mit vielen dieser Aspekte sind Studierende nicht nur in den Tanztrainings konfrontiert, sondern auch in choreografischen Prozessen.

In dieser Impro-Runde lassen sich jedoch nicht nur verbale Beiträge, sondern auch ganzkörperliche Kommentare zum Thema Mut entdecken. Etliche bestimmt nicht auf den ersten oder fünften Blick …

Jammen Sie mit!

S. 16/17 Studierende des MA Choreografie, Modul Komposition, Locarno, 2019, Foto: Katharina Christl

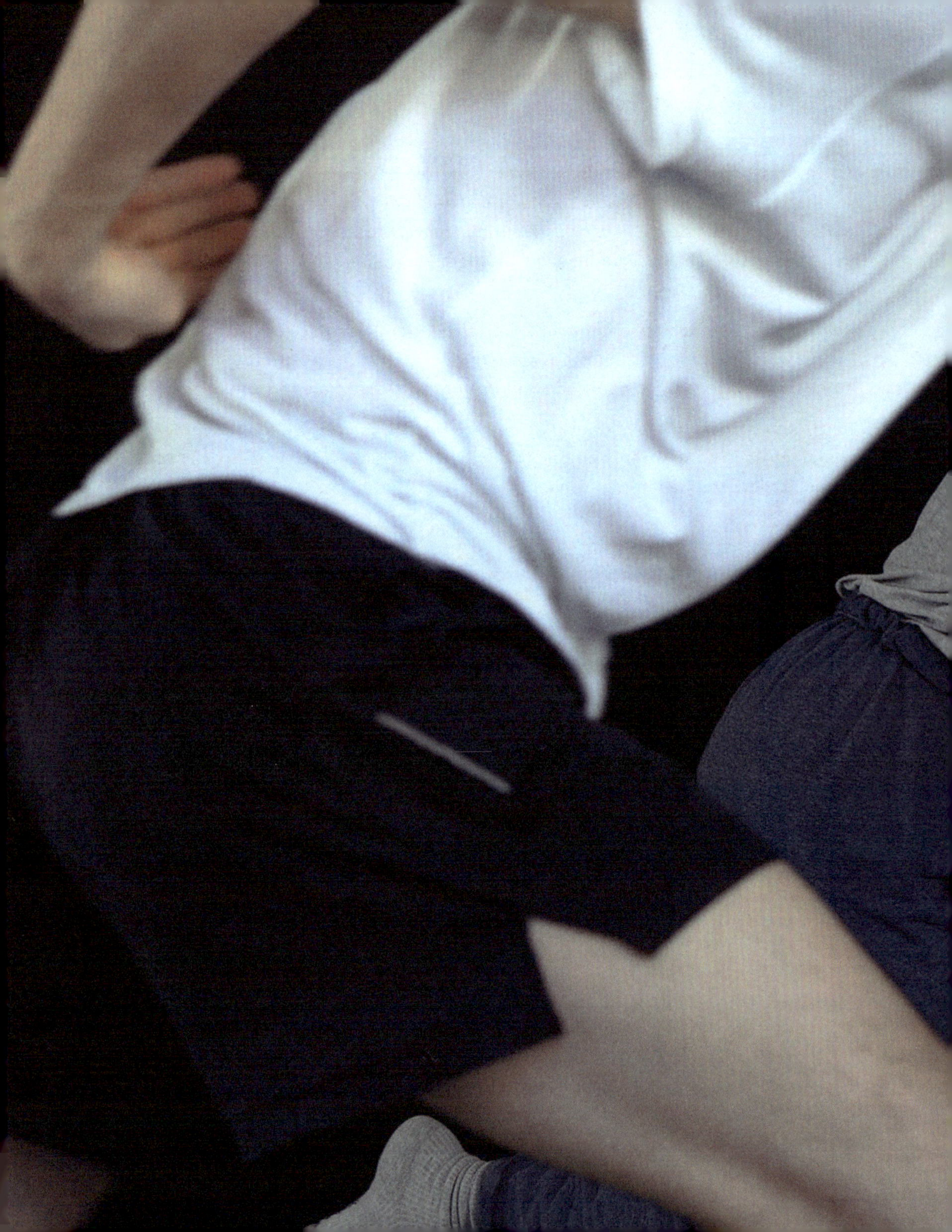

Palucca Tanzwoche Hiddensee, Projekt des Bachelorstudiengangs Tanz, 2019, Foto: Bernd Hentschel

Dirk Baecker

Mut als Kalkül

In der allgemeinen Systemtheorie spricht man von „Homöostase“, vom Gleichgewicht eines dynamischen Systems dank der Aufrechterhaltung innerer Zustände. Ein Organismus passt sich an äußere Umwelten an, indem er innere Umwelten, zum Beispiel die Temperatur oder den Blutkreislauf, stabil hält. Sigmund Freud sprach von „Reizabfuhr“. Der Körper inklusive seines Gehirns und des Bewusstseins dient der Verarbeitung von Reizen, indem er sie unschädlich macht. Das kann dadurch geschehen, dass sie aufgegriffen, umspielt und weiterentwickelt werden, oder auch dadurch, dass man sie ins Leere laufen lässt. Die jüngere Systemtheorie spricht sogar von einem „Homöochaos“, vom Gleichgewichtszustand eines dynamischen Systems dank innerer Unruhe. Der Körper, sein Gehirn und das Bewusstsein werden in einen Zustand der Erregung und Aufregung versetzt, der es ihnen erlaubt, mit dem schnellen Wechsel der Umwelt, mit Unklarheit und Herausforderung, mit Überraschung und Enttäuschung souverän und spielerisch, mal elegant, mal aggressiv fertig zu werden. Das leichte Chaos signalisiert dem Bewusstsein, dass es im Moment keine Chance hat, die Situation zu ordnen, sodass Körper und Gehirn, gut trainiert, das Ruder übernehmen.

Was hat das mit Mut zu tun? Mut ist Homöostase, Reizabfuhr und Homöochaos zweiter Ordnung. Man sucht das Ungleichgewicht, den Reiz und das Chaos, weil man sich darauf verlässt, dass einem entweder die innere oder die äußere Umwelt zu Hilfe kommt. Man katapultiert sich in jenen höchst ungewöhnlichen Zustand, in dem man auf der Grenze, der geschliffenen Schneide zwischen diesen beiden Umwelten balanciert und zum einen darauf vertraut, dass Hilfe kommt, zum anderen aber offenlässt, aus welcher Richtung. Mutig ist, wer sich darauf verlässt, bewältigen zu können, was man noch nicht kennt. Und mutig ist, wer sich darauf verlässt, die passenden Ressourcen mobilisieren zu können, wenn es darauf ankommt.

Aber das versteht nur, wer mit zweierlei Umwelten rechnet: der äußeren und der inneren. Vielleicht war die Existenz dieser beiden Umwelten eine der größten Entdeckungen des 19. Jahrhunderts. Es gibt nicht nur die äußere Umwelt, oft die „natürliche“, aber eben auch die „gesellschaftliche“ genannt, die durch Industrialisierung, Urbanisierung und Kolonialisierung massiv unter Druck gerät. Es gibt auch die innere Umwelt, die ein einzelnes System dazu befähigt, diese äußere Umwelt zu bewältigen. Entdeckt hatte sie der Arzt und Physiologe Claude Bernard unter dem Titel des „milieu intérieur“, der Wärme und Flüssigkeiten des Körpers. Betrachten wir das „System“ dabei nicht als den ganzen Körper, der sich in seiner (äußeren) Umwelt bewegt, sondern als ein „thin interface" (Herbert A. Simon) zwischen der äußeren und der inneren Umwelt – als eine Differenz, die sich in fragiler Balance erhält –, dann besteht Mut darin, sich darauf zu verlassen, dass diese Differenz so variiert werden kann, dass auf beiden Seiten neue Möglichkeiten gewonnen werden können.

Was hat das mit Tanz zu tun? Tanz ist neben vielem anderen jene ausgezeichnete Kunstform, in der man den Körper darin üben und daraufhin beobachten kann, wie er sich auf der Grenze zwischen innerer und äußerer Umwelt nicht nur bewährt, sondern die eine in die andere blendet, die eine mit der anderen verwirbelt und dabei immer eins bleibt, eins mit sich, mit dem Körper, mit der Grenze. Ungewöhnlich ist dieser Gedanke nur deswegen, weil wir normalerweise nicht mit diesen beiden Umwelten, der inneren und der äußeren, rechnen. Wir sehen den Körper in seiner physischen und sozialen Umwelt und stellen dieser Umwelt eine organische und psychische Innenwelt gegenüber, so als fände man dort den Kern, die Identität einer Person. Wir rechnen nicht damit, dass Organismus und Psyche für diese Person, für diese unwahrscheinliche Fähigkeit, „ich" zu sich und „du" zum anderen zu sagen, selbst wiederum Umwelten sind. Ich und du, „wir" sind nicht diese Organismen und diese Psychen, sondern wir leben in ihnen und mit ihnen, so wie sie mit uns und in uns leben. Wenn wir morgens aufstehen, steht ein ganzer Club mit uns auf; und wenn wir abends ins Bett gehen, bringen wir einen ganzen Club ins Bett. Nichts schließt aus, sich mit diesem Club verdammt allein zu fühlen. Nur harte Arbeit an unserer „Identität" und maximale Großzügigkeit, fast so etwas wie „Liberalität", halten diesen Club zusammen.

Mut ist der Moment, in dem wir die Begegnung zwischen innerer und äußerer Umwelt auf eine neue Ebene heben. Wir schwingen uns aus uns heraus, blicken auf uns zurück, nicht allzu scharf, aber zuversichtlich, und schließen eine Wette darauf ab, ob es uns gelingt. Mut ist der Entschluss, sich durch neue Einsichten in die äußere Umwelt und in neue Fähigkeiten der inneren Umwelt positiv überraschen zu lassen. Natürlich kann beides schief gehen. Man kann sich verrechnen. Aber Mut zählt darauf, dass Umstände und Zustände nicht nur zueinander passen, das wäre Routine, sondern bisherige Grenzen überwinden.

Mut ist ein Kalkül. Man sucht die Einheit der Differenz von innerer und äußerer Umwelt und treibt sie auf ein neues Niveau. Man verliert sich in dieser Differenz und gewinnt sie neu. Das geht nicht ohne einen Fluchtpunkt, einen imaginären Wert, traditionell besetzt durch Heldentum, Ehrgeiz, Imitation und Rivalität. Aber dieser Fluchtpunkt kann nicht erklären, warum es, manchmal, funktioniert. Es funktioniert, wenn fern vom Gleichgewicht ein neues Gleichgewicht gefunden wird – mitten im Chaos eine souveräne Dynamik, bei aller Reizabfuhr ein neuer Reiz.

Martin Balában

Das Oxford Dictionary definiert Mut als Fähigkeit, etwas zu tun, das uns Angst macht.

Das ist für mich von tiefer Bedeutung, denn es impliziert, dass Mut etwas ganz Persönliches ist. Es gibt kein universales Maß dafür, was mutig oder nicht mutig ist. Eine mutige Tat hängt von den spezifischen Ängsten einer Person ab. Ich finde das sehr schön. Es macht uns bewusst, dass selbst die kleinste Handlung, die anderen unbedeutend erscheinen mag, eine ungeheure Tapferkeit von denjenigen verlangt, die ihre persönlichen Kämpfe ausfechten. Es ist ein Gedanke, dessen wir uns bewusst sein sollten, wenn wir andere sehen, die einen Schritt vorwärtsgehen, wie klein er auch zu sein scheint.

Wenn wir über Mut in Bezug auf die Gesellschaft reden, besonders als junge Menschen, müssen wir damit zielgerichtet umgehen. Mutige Handlungen können leicht ein Schrei ins Leere werden, laut, aber bedeutungslos. Schlimmer noch, es kann diejenigen provozieren, die an der Macht sind, ohne wirklich das System herauszufordern, das sie aufrechterhalten.

Damit Mut sinnvoll wird, müssen wir starke Gemeinschaften bilden. Wir müssen zuhören, diskutieren, streiten und uns wirkliche Lösungen vorstellen, und zwar gemeinsam. Mut bedeutet nicht nur, sich für etwas einzusetzen, sondern auch, dabei klug vorzugehen. Denn mutig zu sein, wird dann viel machtvoller und weniger beängstigend, wenn wir uns Ungerechtigkeit nicht allein widersetzen, sondern Teil einer kollektiven Kraft sind, die sich für Veränderungen einsetzt.

rechts:	*Martin Balában, Bachelor-3-Projekt „(W)hole", Dresdner Heide, 2025, Foto: Kim Josephine Schölch*
S. 24/25	*„Stunde des Tanzes", Projekt der Orientierungs- und Nachwuchsförderklassen, Vorstellung im Rahmen der Schulkonzerte, PHfT Dresden, 2024, Foto: Ida Zenna*
S. 26/27	*Studierende des BA Tanz, Bachelor-3-Projekt „(W)hole", Dresdner Heide, 2025, Foto: Kim Josephine Schölch*

Ella Jayde Ravat

Wir haben alle Mut in uns.

Ich schaue mir meine Kommiliton:innen an und sehe einige der mutigsten Menschen, die ich kenne.

Ich glaube, dass Mut in vieler Hinsicht der Subjektivität von Kunst gleicht. Was in meinen Augen als mutig erscheint, könnte für andere bedeutungslos sein.

Viele von uns sind weit entfernt von ihrer Heimat und ihren Familien. Es erfordert Mut, das Vertraute zu verlassen, den Rahmen zu verlassen, den man kennt.

Als Tänzer:innen, als Künstler:innen zeigen wir viel Mut mit unserer Fähigkeit, verletzlich zu sein.

Es erfordert Mut, falsch zu liegen, zu versagen, herauszufordern, was man zu kennen meint. Etwas zu versuchen.

Es erfordert Mut, so hart an einer Sache zu arbeiten. Einen Standard erreichen zu wollen, der nicht wirklich existiert. Der sich ständig wandelnden Konstanz der Kunst zu vertrauen. Nicht die Beste im Saal zu sein, und trotzdem an sich zu glauben.

Ella Jade Ravat, Bachelor-3-Projekt „(W)hole“, Dresdner Heide, 2025, Foto: Kim Josephine Schölch

Es erfordert Mut, eine Künstlerin zu sein. Sich nach Veränderung zu sehnen, nach Bewegung zu schmachten, und letztendlich nach Größe zu streben.

Vielleicht legen wir zu viel Wert auf unser Leben. Uns zum Nabelpunkt all dessen zu machen, was uns umgibt, ist schon fast Feigheit. Anzunehmen, die eigenen Ansprüche, wie gut man ihnen gerecht wird oder nicht, wären so wichtig, ist selbstbezogen. Aber vielleicht ist es auch einfach der Glaube an sich selbst.

Es erfordert Mut, Künstlerin zu sein, besonders da das in unserer Welt, in unserer Gesellschaft, als so unwichtig gilt.

Ich denke, in einer Zeit, da die Welt vor unseren Augen zusammenzubrechen scheint, braucht es Mut, Hoffnung und den Glauben, etwas Gutes und Wertvolles, etwas Schlechtes und Zeitverschwenderisches zu schaffen. Es erfordert Mut und ein kühnes Herz, weiter zu tanzen, während die Menge still wird. In der Hoffnung zu tanzen, dass es das eines Tages wert ist. Ähnlich den Held:innen unserer Vergangenheit, sind Tänzer:innen und Künstler:innen die Held:innen von heute.

rechts: *„Stunde des Tanzes“, Projekt der Orientierungs- und Nachwuchsförderklassen, Vorstellung im Rahmen der Schulkonzerte, PHfT Dresden, 2024, Foto: Leo Ziems*

S. 32/33 *Tag der offenen Tür, PHfT Dresden, 2024, Foto: Leo Ziems*

Galicca

Vor der Wende hatte ich viel mehr Mut

Ein Gespräch mit Hanne Wandtke

Du wurdest im Jahr 1939 geboren. Wie kam es dazu, dass du Tänzerin wurdest? War es deine Idee?

Mein Vater war Elektroingenieur und Konstrukteur. Er hat für die Firma Telefunken gearbeitet und gut verdient. Aber er bekam eine schwere Lungentuberkulose. Er starb, als ich zwölf Jahre alt war. Meine Mutter hatte keine Berufsausbildung, war Hausfrau und musste nun plötzlich die Familie ernähren. Sie hat dann bei Zeiss Ikon Fototaschen kontrolliert. Ich war eine gute, aber keine sehr gute Schülerin. In der achten Klasse dachte ich, dass ich selbstverständlich zu einer weiterführenden Schule gehen würde. Aber das war ein gewaltiger Irrtum. Da mein Elternhaus zur Intelligenz zählte, wurde mir das verwehrt. An meiner Schule in Dresden-Tolkewitz gab es eine Tanzgruppe und einen Chor. Sie wurden von der Musik- und Sportlehrerin Eva Rath geleitet, die später als Sängerin ans Metropoltheater in Berlin ging. Ich habe gut gesungen und sehr gerne in dieser Tanzgruppe getanzt. Ich war einfach künstlerisch begabt. Eines Tages riefen der Schuldirektor Herr Schlegel und Frau Rath meine Mutter und mich in die Schule. Sie meinten, dass sie sich wegen der Schüler:innen Gedanken gemacht hätten, die aufgrund der politischen Verhältnisse kein Abitur machen durften. Ich war ja nicht die einzige, die das betraf. Sogar die Klassenbeste kam nicht auf eine weiterführende Schule, weil der Vater Hals-Nasen-Ohrenarzt war. Zu mir sagten sie also: „Du tanzt doch so gerne. Kennst du die Palucca Schule?“ Ich hatte keine Ahnung. Aber meine Mutter wusste, dass es eine Tanzschule und Palucca eine berühmte Tänzerin gewesen war, die schon lange eine Schule führte. Es war das Jahr 1954. Meine Mutter meinte, dass man die Palucca-Schülerinnen in der Stadt sofort erkennen würde. Sie hätten alle dieselbe Frisur, einen Bubikopf und einen Pony. Der Schulleiter meinte: „Wir werden dich anmelden, und dann sehen wir weiter. Du solltest unbedingt einen künstlerischen Beruf ergreifen.“ Ich nahm also an der Eignungsprüfung teil. Palucca hatte damals ein Gipsbein. Nach der Prüfung wurden wir in zwei Gruppen geteilt. In der einen Gruppe standen die Mädchen, die bestanden hatten, in der anderen die Mädchen, die es nicht geschafft hatten. Bei mir war es unentschieden. Ich hatte vorher noch nie eine Ballettstange gesehen und wusste nicht, was ein Plié ist. Die anderen Mädchen hatten Vorkenntnisse. Sie hatten die Tanzschule Kreideweiß besucht und

Hanne Wandtke, Unterricht im Neuen Künstlerischen Tanz, Palucca Schule, 1958, Foto: Erich Höhne

Hanne Wandtke (Mitte), Sommerkurs, Palucca Schule, 1983, Foto: Erich Höhne

ihre Spitzenschuhe mitgebracht. Ich war völlig unbedarft. Für die Prüfung hatte Frau Liebert ein kleines Exercice vorbereitet.[2] Ich habe mein Plié mit nach vorn ausgerichteten Knien gemacht. Frau Liebert sagte: „Nej, die geht goar nich." Aber Palucca meinte, dass sie mich noch einmal sehen wolle. Wir waren drei Mädchen. Palucca fragte uns einzeln, was wir gerne tanzen würden. Ich antwortete: „eine Hexe". Willy Kehrer, ihr Pianist, spielte also etwas Wildes für mich. Offenbar habe ich die Hexe gut getanzt. Palucca fragte mich: „Kannst du auch etwas anderes tanzen?" Ich habe geantwortet, dass ich ganz gerne Walzer tanze. Palucca wollte wissen, was für einen Walzer ich denn mögen würde, einen Wiener Walzer oder einen bestimmten Walzer. Ich antwortete: „Weißt du, wie viel Sternlein stehen?" Willy Kehrer spielte für mich – und ich wurde angenommen.

Wie hat deine Mutter deine Ausbildung finanziert?

Wir haben sehr bescheiden gelebt. Der damalige Schulleiter der Palucca Schule hat dafür gesorgt, dass ich eine gewisse Unterstützung erhielt, so eine Art Stipendium. Aber es fiel wesentlich geringer aus als bei den Kindern aus Arbeiterfamilien. Auf alle Fälle hat man sich in der Palucca Schule um mich gekümmert.

Es war also eher eine Chance, die du ergriffen hast ...

Ja, ich war offen und habe sehr gerne getanzt. Da Palucca und einige andere Lehrer:innen der Kommission für mich gestimmt hatten, ging dann alles seinen sozialistischen Gang.

Hat Palucca für ausgewählte Schüler:innen choreografiert?

Palucca hat sehr schöne Stücke choreografiert, zum Beispiel *Aufforderung zum Tanz*. Ich war die Jüngste in der Zweitbesetzung und durfte das Stück einmal auf der Bühne tanzen.[3] Später hat Palucca eine kleine Mozart-Suite choreografiert.[4]

2 Helga Liebert war von 1955 bis 1988 Lehrkraft für Klassischen Tanz an der Palucca Schule.

3 1955, Musik: Carl Maria von Weber

4 1963/1964, Tänzerische Variationen, Musik: Wolfgang Amadeus Mozart

Viele ihrer Stücke entstanden aus der Improvisation. Sie ließ uns improvisieren, schaute es sich an und sagte dann: „Du, merke dir doch diese Bewegung." Und zu einer anderen Schülerin: „Du, merke dir diesen Teil."

So habe ich es auch gehandhabt, als ich Lehrerin war. Meine Choreografien entstanden, indem wir viel ausprobierten. Dann habe ich bestimmte Bewegungen ausgesucht und eigene dazu erfunden. Mit der Zeit stellte ich fest, dass solche Choreografien nicht länger als sieben Minuten lang sein sollten. Meine Stücke waren meistens fünf, sechs, höchsten sieben Minuten lang. Das galt selbst für die Stücke, die ich für größere Theater choreografiert habe.

Hast du Palucca schon als Schülerin als unkonventionell oder sogar mutig empfunden?

Unbedingt. Sie hat sich sehr deutlich von allem anderen abgesetzt, auch von anderen Menschen. Das war eben Palucca. Sie war außergewöhnlich, in jeder Hinsicht. Sie sprach in einfachen, schlichten Worten, immer leise. Aber im Unterricht konnte sie schon richtig laut werden.

Palucca hatte wirklich Mut. Während meiner Schulzeit blieb sie dreimal im Westen. Den DDR-Kulturfunktionären war ihre Unterrichtsmethode zu frei. Improvisation – da wusste man doch nie, was kommen würde, dazu noch von frechen Schüler:innen. So etwas Unkontrollierbares passte nicht zum Sozialismus und sollte unterbunden werden. Wenn Palucca gemaßregelt wurde, kam sie nach den Sommerferien einfach nicht wieder. Erst blieb sie auf Sylt, später auf Hiddensee, einmal in München. Irgendwann, der Unterricht hatte längst begonnen, war sie stillschweigend wieder da, als wäre nichts geschehen. In der Zwischenzeit hatte sie durchgesetzt, nicht mehr wegen ihrer Unterrichtsmethode behelligt zu werden. Letztlich riskierte sie, eine ganze Schule im Stich zu lassen. Sie hatte wirklich Mut, auch wenn sie sich nicht kämpferisch gab. Sie hat einfach gehandelt.

Es gab aber auch einen anderen Aspekt. Palucca war Mitglied der Akademie der Künste, der viele bedeutende Künstler:innen angehörten.[5] In den Anfangsjahren waren darunter Bertolt Brecht, Anna Seghers, Heinrich Tessenow, Helene Weigel und Arnold Zweig. Palucca lud Mitglieder der Akademie der Künste ein, sich die Ausbildung an der Palucca Schule anzuschauen, und renommierte dann mit der positiven Bewertung der Akademie-Mitglieder. Wie etliche andere Schüler:innen meines Jahrgangs hatte ich eigentlich schon ein Engagement im Deutschen Nationaltheater Weimar. Dort gab es ein relativ großes Ensemble. Es waren wohl fünfzehn Tänzer:innen. Ich hatte im April 1959 mein Baby bekommen und hätte mein Engagement im September antreten können.[6] Aber irgendetwas sprach immer dagegen. Harald kam immer

5 Deutsche Akademie der Künste, gegründet 1950 in Berlin. Palucca war Gründungsmitglied

6 Axel Wandtke, der später Schauspieler wurde, ist der Sohn Hanne Wandtkes und des Tänzers und Choreografen Harald Wandtke, geb. 1939.

Hanne und Harald Wandtke mit Palucca, Palucca Schule, Dresden 1986, Foto: Erich Höhne

montags, wenn in Weimar keine Vorstellungen stattfanden, mit seinem Motorroller zu uns nach Dresden. Im Winter 1960 erschien wieder das große Gremium aus SED-Kulturfunktionären und Mitgliedern der Akademie der Künste in der Palucca Schule. Ich musste solistisch tanzen, als Schülerin, die Palucca am besten verstanden hätte. Palucca wollte wohl mit mir beweisen, dass Tänzer:innen im Neuen Künstlerischen Tanz gut aussehen, also nicht nur im Klassischen Tanz. Ich habe sehr viel improvisiert. Ich hatte einfach Fantasie und war vielseitig! Vielseitigkeit hat Palucca sehr geschätzt. Ich konnte auf jede Musik eingehen und den Charakter treffen. Die Musikalität der Palucca-Schüler:innen wiederum war für Walter Felsenstein und sein Musiktheater an der Komischen Oper und Tom Schillings Tanztheater von großer Bedeutung. Nachdem ich also vor der Kommission getanzt hatte, durfte Palucca weiter arbeiten. Ich konnte nach Weimar gehen. Palucca hat mir nicht gesagt, warum ich nicht früher gehen durfte. Es lag also an ihr, dass ich mein Engagement in Weimar nicht antreten konnte, wo auch Harald tanzte. Das wurde mir aber erst viel später klar.

Von 1966 bis 1979 warst du an der Komischen Oper engagiert. Gab es Choreografien, die Mut oder Überwindung erforderten?

Überwindung vielleicht nicht. Tom Schilling choreografierte abendfüllende Stücke, aber auch einige Dreiteiler. Davon war manchmal eine Choreografie herausragend, eine vielleicht weniger gelungen und die dritte wieder gut. Wir haben uns auf die guten Sachen gefreut. Es gehört zu diesem Beruf, dass man manchmal etwas tun muss, das einem nicht so gefällt.

Auf alle Fälle haben Tänzer:innen vor dem Vortanzen Respekt. Es bewerben sich Hunderte, aber es werden nur ganz wenige genommen. Wenn ich jetzt Tänzerin wäre, würde ich auch gerne ins Ausland gehen, zum Beispiel nach Zürich. Heute kann man in vielen Compagnies arbeiten, sich unterschiedliche Stilistiken aneignen und andere Sprachen lernen. Aber ich kann mich nicht beklagen. Mit der Komischen Oper war ich viel im Ausland. Walter Felsensteins Musiktheater hatte internationales Renommee. Das Ballett hat davon profitiert. Allerdings nutzten viele Tänzer:innen die Gastspiele, um im westlichen Ausland zu bleiben. Einmal betraf das ein Drittel des Ensembles. Wir mussten sehr schnell umstudieren, damit die restlichen Vorstellungen stattfinden konnten. Dafür wurden Tänzer:innen aus der ganzen DDR engagiert. Es war extrem anstrengend. Uns wurde strengstes Stillschweigen darüber auferlegt.

Bot die Palucca Schule Freiraum für subversive Kunst, zum Beispiel bei den Faschingsfeiern?

Harald wurde 1978 Chefchoreograf der Semperoper. Damals spielte sie noch im Staatstheater Dresden.[7] Ich kam ein Jahr später als Harald nach Dresden, nachdem ich dreizehn Jahre

7 Seit 1983 Staatsschauspiel Dresden.

an der Komischen Oper Berlin getanzt hatte, und wurde Lehrerin an der Palucca Schule. Ich war entsetzt. Dresden war zum Sterben langweilig. Ich habe das überhaupt nicht verstanden und gelitten, auch in der Palucca Schule. Also entschloss ich mich, dem etwas entgegenzusetzen. Die Tanzstudent:innen musste man etwas anschieben. Palucca hat immer gesagt, dass wir uns um die anderen Künste kümmern sollten. Deshalb sind wir auch manchmal zu den bildenden Künstler:innen gegangen und haben uns deren Ausstellungen angeschaut. Ich habe das gleich wieder eingeführt. Die Kunststudent:innen sollten hospitieren, um zu zeichnen oder zuzuschauen. Zur Musikhochschule gab es Kontakte. Ich wollte natürlich, dass unsere Student:innen auch in die anderen Kunsthochschulen gehen.

Die Faschings an der Palucca Schule waren nie politisch. Aber es ist erstaunlich, was an der Palucca Schule alles möglich war. Letztlich brauchte man nur eine gute Ausrede. Mit Ironie und Sarkasmus war vieles sagbar, das auf der Kippe stand. Man konnte es so oder so verstehen. Ich habe zum Beispiel ein Stück mit dem Titel *Spanische Kragen* für die Klasse von Anke Glasow choreografiert.[8] Es wurde ins Schulprogramm aufgenommen und wir haben es zwei oder drei Jahre lang gespielt. Die Choreografie war klar und streng. Das Stück bezog sich auf die spanische Inquisition. Aber man konnte es auch anders sehen … Ich brachte Bilder zum Thema Inquisition mit in die Schule und forderte die Schüler:innen auf, sich aus weißem Papier spanische Kragen zu bauen. Iris Sputh zum Beispiel nahm dafür weiße Papier-Tortendeckchen.[9] Es wirkte, als wären ihre Kragen aus Spitze. Die Mädchen standen sich zunächst in zwei Reihen gegenüber. Dann begannen sie, sich zu bewegen. Alles sollte steif, abgezirkelt und messerscharf wirken. Dazu spielte Waldemar Wirsing ein Stück von William Byrd auf dem Klavier.[10] Die Musik verebbte allmählich, wurde ganz leise. Dann griff Waldemar Wirsing in die Saiten des Flügels, zupfte und produzierte zarte Klänge, die ganz anders wirkten als die Musik von William Byrd. Die Tänzer:innen nahmen ihre Kragen mit gezierten Bewegungen ab und ließen sie auf den Boden fallen. Da sie mit einem Druckknopf verschlossen waren, machte es Klack, Klack, Klack. Sofort wirkten die Mädchen, als wären sie zum Leben erweckt, als befänden sie sich in einem anderen Land. Die Klänge inspirierten sie, zu springen und all das zu tun, was vorher gar nicht vorkam. An einer bestimmten Stelle fing Waldemar Wirsing wieder an, Byrd zu spielen, während er mit der anderen Hand noch leise die Saiten zupfte. Daraufhin liefen die Mädchen zu ihren Kragen, legten sie wieder an und kehrten zu ihrem steifen Zeremoniell zurück. So tanzten sie, bis ein Mädchen ins Torkeln kam, am Kragen herum nestelte, erstickte und tot zu Boden fiel. Aber die anderen tanzten ungerührt weiter bis zum Schluss. Black. Das war mehrdeutig.

8 Die Premiere von „Spanische Kragen“ fand 1983 statt. Anke Glasow ist seit 2005 Professorin für Improvisation an der Palucca Hochschule.

9 Später Tänzerin, Choreografin und Tanzpädagogin.

10 Waldemar Wirsing wirkte viele Jahre als Pianist bei Palucca und bei Hanne Wandtke.

Es stand für ein System, das rigoros, streng und unantastbar ist. Es zeigte aber auch, dass es eine Möglichkeit gibt, sich zu befreien, so zu leben, wie man will.

Frau Jüttler, die damals eine Leitungsfunktion in der Palucca Schule hatte, war bei der Stasi.[11] Sie tat so, als wäre sie von diesem Stück begeistert. „Also Frau Wandtke, Ihre Choreografie!" Sie suchte immer meine Nähe, zum Beispiel bei Aufnahmeprüfungen. Da beobachtete sie, bei wem ich mein Kreuzchen setzte. Sie meinte: „Also, dieses Kind ist ja in der Kirche." Darauf sagte ich in scharfem Ton: „Wie bitte? Das ist ein ganz begabtes Kind! Es ist egal, ob die Familie katholisch, evangelisch oder aserbaidschanisch ist! Wir müssen es aufnehmen!" So war damals die Situation. Rainer Walther, der Direktor, verhielt sich neutral. Ihm war nichts anzumerken, obwohl er Tschekist war. Er mischte sich in künstlerische Dinge nicht ein. Man wusste nicht, was er im Hintergrund tat … Wegen der *Spanischen Kragen* wollte Frau Jüttler mich immer wieder aus der Reserve locken. „Also Frau Wandtke, was meinen Sie denn damit? Sie können doch ruhig einmal sagen, was sie meinen …" Ich antwortete ihr, hoffentlich sei zu erkennen, dass es um ein strenges, unterdrückerisches Milieu ginge und man davon träume, dass es anders sein könnte. Die Musik spräche für sich, indem sie wieder zur anfänglichen Strenge zurückkehre und alles wieder wie vorher sei. Ich weiß nicht mehr, wie sie darauf reagiert hat.

Für welche Anlässe hast du an der Palucca-Schule choreografiert?

Wir haben zum Beispiel Schüler:innen für Ballettwettbewerbe vorbereitet. Die Tänzer:innen mussten dabei auch moderne Stücke von drei bis vier Minuten Dauer zeigen. Für Silvana Schröder habe ich das Solo *Phasen im Raum* für so einen Wettbewerb erfunden. Darin ging es um verschiedene Empfindungen und Reaktionen wie Freude, Trauer und Aufbegehren. An einem bestimmten Moment begann Silvana, im Kreis zu laufen und immer schneller zu werden. Plötzlich lief sie nach vorne und griff mit den Händen ins Leere, als würde sie an einer Wand nach oben klettern. Sie krallte sich fest, schaute kurz über diese imaginäre Wand, grinste schelmisch und winkte ein wenig, bevor sie hinterrücks nach unten fiel. Damit war natürlich etwas gemeint. Sie schaute über die Mauer und musste wieder zurück.

König und Volk habe ich 1987 choreografiert.[12] Es war ein Männer-Duett. Zwischen dem ‚König' und dem Tänzer, der das Volk symbolisierte, befand sich ein langes weißes Tuch. Der ‚König'

11 Gertraud Jüttler war ab dem 25. Februar 1985 Fachschullehrerin für Deutsch, Literatur sowie Verantwortliche für die Studienorganisation und zusätzlich ab 1985 bis Oktober 1989 stellvertretende Direktorin der Palucca Schule. Es folgte ein Rücktritt im Oktober 1989 ‚aus persönlichen Gründen', sodass sie ab dem 1. September 1990 bis 30. Juni 1992 wieder ausschließlich als Fachlehrerin für Deutsch, Literatur und Verantwortliche für Studienorganisation tätig war.

12 Musik: Erik Satie, Gnossienne Nr. 1.

Improvisation in der Blauen Fabrik, Leitung Hanne Wandtke (rechts), Dresden, undatiert, Foto: Bildermann

schritt machtbewusst mit entsprechenden Gesten voran, unter anderem dem Hitlergruß, und das ‚Volk' tippelte auf Knien hinterher. Dann fasste das ‚Volk' Mut. Es folgte ein Kampf unter dem Tuch. Am Ende Rollenwechsel: das ‚Volk', mit einer Keksdose als Krone, war ‚König'; der ehemalige ‚König', mit einem Filzdeckel auf dem Kopf, tippelte auf Knien hinterher. Das Stück lief viele Jahre lang.

Hast du dich an den Gruppen-Improvisationen im Kleinen Haus beteiligt?

Ein oder zwei Jahre nachdem Harald Chefchoreograf geworden war, rief er die Reihe *Kontraste* ins Leben. Er meinte, dass es doch gut wäre, wenn seine Tänzer:innen selbst choreografierten oder improvisierten. Es wirkten in der Regel vier oder fünf Tänzer:innen der Semperoper mit. Einige Programme waren Improvisations-Abende. Es kann sein, dass sie im Rahmen der Musikfestspiele stattfanden. Die Abende hießen *Improvisationen I, Improvisationen II* und so weiter. Fast immer dabei waren die ehemaligen Palucca-Schüler:innen Sabine Bohlig, Carla Börner, Reiner Feistel, Thomas Hartmann und Hannes-Detlef Vogel.[13] Manchmal waren es nur Thomas Hartmann, Reiner Feistel und ich. Wir hatten wunderbare Musiker. Meistens spielte Peter Jarchow Klavier. Es kamen aber auch Musiker wie Günter Baby Sommer, Schauspieler wie Wolfgang Engel, Tom Pauls und Sylvester Groth. Manche Improvisationsabende standen unter einem Motto. Die Titel hat sich häufig Peter Jarchow ausgedacht. Ein Thema war „Gerade Raumwege mit Sarabande". Peter improvisierte dazu ‚barocke' Musik. Einmal hieß es „Drei Viertel. Nichts Halbes, nichts Ganzes". Wir haben den ganzen Abend nur im Dreivierteltakt improvisiert. Ein anderes Mal nutzten wir das Motto „Nichts einfacher als das". Ich sagte zum Beispiel „sich reinigen", „sich wenden", „sich winden". Die Tänzer:innen antworteten: „Nichts einfacher als das". Ein Abend hieß *Kronentorschlusspanik*. Manchmal konnte das Publikum Themen vorschlagen.

Hast du für die Semperoper choreografiert?

Ja, Harald hat mich wiederholt darum gebeten und ich habe das gerne getan. Aber ich habe mich auch immer wieder in Haralds künstlerische Arbeit eingemischt. Abends bin ich zu seinen Proben gegangen, habe Korrektur geschrieben und den Tänzer:innen die Korrekturen gleich selbst gegeben. Harald war dankbar dafür und meinte, dass ihm das sehr helfen würde. Ich war so eine Art Assistentin ohne Vertrag. Aber Harald war immer so moderat und brav. Er hat zum Beispiel kritiklos Kostüme akzeptiert, die von jungen, unerfahrenen Kostümbildnerinnen stammten. Eine Produktion hieß *Le Papillon*.[14] Die Kostüme waren grässlich. In einem anderen Abend verkörperte Arila Siegert eine Art Racheengel oder Drachen.

13 Ausnahme: Reiner Feistel studierte an der Fachschule für Tanz/Ballettschule der Oper Leipzig.

14 19. November 1982, DDR-Erstaufführung des Balletts „Le Papillon" (Der Schmetterling) von Jacques Offenbach, Großes Haus der Staatstheater Dresden.

Sie trug Flügel, die durchaus eindrucksvoll aussahen. Es wirkte, als wären sie aus Beton. Arila konnte aber kaum die Arme heben. Auf meinen Hinweis, dass Arila damit nicht tanzen könne, reagierte Harald gar nicht. Ich sagte also zu Arila: „In der Pause mache ich dir die Flügel leichter." Ich ging mit Arila in die Garderobe und stutzte ihr die Flügel, indem ich die großen Rippen herausschnitt und das Futter entfernte. Arila meinte: „Ja, jetzt funktioniert das." Aber dann überraschte uns die Garderobenfrau und polterte los: „Was machen Sie denn hier? Das geht ja überhaupt nicht. Sie richten hier nur Schaden an!" Sie meldete mein ‚Vergehen' dem Ballettdirektor Dietmar Uhlemann. Harald fand auch, dass ich zu weit gegangen sei. So erhielt ich Hausverbot.[15]

Seitdem trieb ich mein Unwesen in der Hochschule für Bildende Künste mit diesen jungen Leuten, also Micha Brendel, Via Lewandowsky, Else Gabriel und vielen anderen. Es begann im Jahr 1983 an der Hochschule für Bildende Kunst. Dort gab es eine Gruppe von Bühnenbild-Student:innen. Es war ihnen egal, für welches Fach sie angenommen wurden, die Hauptsache war, an dieser Hochschule studieren zu können. Damals lehrte Günther Hornig an der Hochschule.[16] Es war bekannt, dass er ein ‚gefährlicher Anti-Typ' war. Er unterrichte im Grundstudium. Da trafen die Leute aufeinander, die später als Auto-Perforations-Artisten zusammengearbeitet haben.[17] Hornig hat sie sehr beeinflusst. Der zweite, den sie geschätzt haben, war Gottfried Bammes.[18] Bammes machte anatomisch genaue Zeichnungen von Menschen und Tieren. Er war ein sehr interessanter Mann. Die Auto-Perforations-Artisten haben ihn verehrt, ihn und Hornig. Sonst niemanden.

Dann wurde Hornig sehr krank. Er war fast ein ganzes Jahr lang nicht in der Hochschule. Dadurch waren die Student:innen auf sich selbst gestellt. Offiziell waren sie Bühnenbild-Student:innen, aber eigentlich studierten sie das gar nicht. Sie meinten: „Wir müssen arbeiten!" Sie arbeiteten weiter. Sie waren einfach sehr kreativ, wirklich frech und provokant.

Schon die Titel eurer Aufführungen waren gewagt. Hattet ihr Angst vor Zensur oder davor, dass Vorstellungen abgesagt werden könnten?

15 Später choreografierte Hanne Wandtke für die Bühne der Semperoper. Für die Kleine Szene entstand das Kinderstück „Tastentanzspiel. Tanz aus der Kiste – Peter und der Wolf", ebenfalls für Kinder, stand bis 1999 auf dem Spielplan der Kleinen Szene. Tanz: Palucca-Schüler:innen.

16 Günther Hornig (1937-2016) war Maler, Grafiker, Objektkünstler. Von 1968 bis 1988 war er Lehrer im Hochschuldienst für das Grundlagenstudium im Fachbereich Bühnenbild und bis 1993 Leiter des Grundlagenstudiums der Abteilung Bühnenbild an der HfBK Dresden.

17 Die Auto-Perforations-Artisten waren eine 1982 an der HfbK Dresden gegründete Künstler:innengruppe. Kern: Micha Brendel, Else Gabriel, Rainer Görß und Via Lewandowsky. Häufige Gäste: Norbert Grandl, Gottfried Rösler, Ulf Wrede (Musiker), Durs Grünbein (Autor), Kommiliton:innen der HfbK Dresden wie Karina Alisch, Peter Dittmer und Viola Schöpe – und Hanne Wandtke.

18 Gottfried Bammes (1920-2007) lehrte ab 1960 als Professor für Künstleranatomie an der Hochschule für Bildende Künste Dresden; seine Lehr- und Handbücher sind Standardwerke der Künstleranatomie.

Wir nannten unsere Aufführungen ‚Aktionen', um uns von den Wessies mit ihren Performances zu unterscheiden. Es sollte klar sein, dass wir aus anderen Beweggründen handelten. Ich habe mir meine Mitstreiter:innen immer selbst ausgesucht. Meistens war mein damaliger Lebenspartner Micha Brendel dabei.[19] Er hatte sich ein wunderbares Schlag-Erzeug aus Gurkenfässern, Büchsen, Porzellan und allerlei anderen Dingen gebaut und nach allen Regeln der Kunst bedient. Dann gehörten noch der Geiger Philipp Beckert[20] dazu, der wie Micha und ich in der Pulsnitzer Straße wohnte, und Waldemar Wirsing. Waldemar war mein erster Pianist an der Palucca Schule. Er war sehr begabt. Wir haben ganze Abende zusammen gestaltet. Leider gibt es davon nur Fotos, kaum Filmmaterial. Waldemar Wirsing opponierte gegen das DDR-System. Deshalb konnte ich ja so gut mit ihm zusammenarbeiten. Wir wollten immer wider den Stachel löcken. Nachdem er einen Ausreiseantrag gestellt hatte, wurde er extrem vorsichtig. Er lebte dann in Westberlin.

Wie habt ihr diese Aktionen erarbeitet?

Wir haben uns immer in unserer Wohnung am Martin-Luther-Platz getroffen, in der Micha und ich wohnten. Sie war ursprünglich ein Laden. Wir nutzen ihn als Atelier und Wohnung. Dort haben wir geredet, gemalt, gezeichnet und ausprobiert. Wir haben uns sogar in der Wohnung mit Schlamm beworfen. Manchmal sah der Laden schlimm aus … Brendel wollte aber nicht beim Saubermachen helfen. Es war etwas, das Männer nicht so gerne tun … Else wollte ihm das nicht durchgehen lassen. Ich auch nicht. Einmal habe ich Micha den nassen Wischlappen ins Gesicht geklatscht.

Es gab also keine narrativen Strukturen, wohl aber Konzepte …

Es blieb immer locker. Im Grunde war es perfekte Improvisation.
Insbesondere unter dem Motto „Fasching" konnte man die Sau rauslassen. Es waren auch sehr lustige Zeiten. Beim Konzept für die Abschlussarbeit *Herz Horn Haut Schrein* war es jedoch etwas anders. Da wurden doppeldeutige Begriffe benutzt. Deshalb wurde sehr genau geübt und geprobt.

Erst kürzlich hast du dem Dresdner Albertinum dein Müllkostüm für eine Ausstellung zur Verfügung gestellt. Für welche Aktion entstand es?

Es wurde sogar eine teure Versicherung dafür abgeschlossen. Als ich an den Strümpfen herumzog, hat man mich sofort zurückgepfiffen. Absurd! Ich habe es für die Aktion *Spitze des Fleischbergs* der Auto-Perforations-Artisten gebastelt, eine Aktion mit Micha

19 Micha Brendel, geb. 1959, arbeitet mit den Medien Fotografie, Malerei, Performance, Installation, Objekt und Text.
20 Philipp Beckert war zum damaligen Zeitpunkt Mitglied der Dresdner Philharmonie.

Brendel, Else Gabriel, Via Lewandowsky und mir. Sie fand im Februar 1986 in der Hochschule für Bildende Künste statt. Mein blickdichtes Kostüm bestand aus Resten von Materialen, die ich vorher benutzt hatte. Ich hatte sie tatsächlich schon weggeworfen, es lag alles im Papierkorb. Man sollte mich nicht erkennen, denn ich wollte Palucca nicht gefährden. Sie sagte von Zeit zu Zeit: „Hannchen, ich habe gehört, dass du ganz komische Sachen machst … Nimm dich mal sehr in Acht, ich warne dich nur …“ Deshalb dachte ich, dass es besser wäre, wenn sie gar nicht wüsste, was ich da so treibe, und habe mich immer verkleidet. Mein Name wurde auch erst später erwähnt, als diese Zusammenarbeit längst vorbei war. Um nicht erkannt zu werden, habe ich immer etwas vor dem Gesicht getragen. Beim Müllkostüm hatte ich zwei Zwirn-Sterne vor meinen Augen, in die ich Löcher geschnitten hatte. Ich konnte sehen, aber man hat mich nicht erkannt.

Die Aktion hatte keine Handlung. Wir haben alle autonom mit einer Fülle von Requisiten improvisiert. Manche solcher Aktionen waren auch sehr frivol …

Hast du das Müllkostüm mehrfach verwendet?

Ja, aber ich weiß es gar nicht mehr so genau. Es gab auf alle Fälle eine Aktion, bei der ich es anhatte und zwei Blumentöpfe mit Sachsengras in den Händen hielt. Das Sachsengras habe ich mehrfach als Symbol eingesetzt, zum Beispiel auch in einer Veranstaltung mit Antje Ladstätter. Antje Ladstätter war Pianistin an der Palucca Schule, kam eine Zeit lang zu uns in die Ladenwohnung und war auch einige Male an unseren Aktionen beteiligt.

Welche Rolle hattest du im Stück *Humunkulusmonologe* im Sommer 1989 in der Hochschule für Bildende Künste Dresden?

Das war die Diplomarbeit von Rainer Görß. Er schloss ein Jahr später als die Auto-Perforations-Artisten ab, weil er noch Malerei studiert hat.

Ich war die Erdmutter. Mein Kostüm bestand aus einem Trikot mit langen Armen und langen Beinen. Darüber trug ich einen Stoff, den ich an ganz vielen Stellen gerafft und zusammengenäht hatte. Das ganze Kostüm war eine einzige Falte. Micha hat mich darin nach einem Regen im Schlamm gewälzt, und natürlich blieb die Erde in den Falten hängen. Es entstand eine unbeschreibliche Struktur … Leider weiß ich nicht, wo das Kostüm geblieben ist. Der Kopf und mein Gesicht waren auch schlammverschmiert. Ich habe mich in diesem Kostüm auf der Bühne gekugelt, Kopfstand gemacht und gewälzt.

Micha sah wie rohes Fleisch aus. Er höhlte für diese Aktion Nutrias aus und schlüpfte mit seinen Armen in je einen Nutria. Micha konnte sich sehr schön bewegen. Er hatte einen Tänzerkörper, sogar einen richtigen Spann. An ihm ist ein Tänzer verlorengegangen.

Vielleicht war auch Else Gabriel dabei. Ich glaube, dass es einen Text von Durs Grünbein dazu gab. Sein Lehrer Herr Kettner[21] war sehr streng und nahm Rainer Görß auseinander. Schließlich wurde die Arbeit aber mit ‚sehr gut' bewertet.

Ich war ja nur eine ‚Randerscheinung' bei solchen Aktionen und habe mitgeholfen, Projekte zu entwickeln. Eine Aufführung hieß *Langsam nässen*. Es war die erste Aktion der Auto-Perforations-Artisten. Sie fand 1985 statt. Dabei haben sie in der Kunsthochschule, ich glaube, dass es in der Günzstraße war, von der ersten Etage die Treppen hinunter bis ins Erdgeschoss Würfelzucker ausgelegt und nass gemacht. Der Zucker floss also die Treppen hinunter. Dazu haben sie sich natürlich bewegt.

Fanden solche Aktionen auch in anderen Spielstätten statt?

Wir spielten in Theatern, zum Beispiel in der Kleinen Szene, die damals zur Semperoper gehörte. Sie arbeitete genreübergreifend und kooperierte mit zeitgenössischen Akteur:innen. Unsere Veranstaltungen standen wie alle anderen im Spielplan. Wir hatten unser Publikum. Es kamen Freunde und deren Freunde. Ein Abend im Februar 1989 hieß *In zarter Eigenhaut*. An meinem Körper befanden sich überall Instrumente. Ich trug Fingerhüte an jedem Finger, auf dem Po hatte ich einen Lampenschirm, Glöckchen über den Augen und im Haar alles Mögliche, das raschelt. Wir nannten das Körpermusik. Micha bediente sein Schlag-Erzeug. Außerdem waren die Musiker Waldemar Wirsing und Philipp Beckert dabei. Die Musik war nicht vollständig improvisiert. Der Geiger Philipp Beckert hatte eine klassische Ausbildung und musste erst lernen zu improvisieren. Es gab einen Text und eine Art Gesang.

Vor der Vorstellung hatte ich Michas nackten Körper schwarz, weiß und braun bemalt. Dann hielt er sich Papierreste vor den Körper, aus denen Kreise ausgestanzt worden waren. Ich besprühte ihn mit schwarzer Farbe. Er hatte sich eine Glatze geschoren – und danach überall schwarze Punkte auf dem Körper. Im Vorfeld hatte er ein Plakat in braun, weiß und schwarz und mit dem Titel In zarter Eigenhaut gestaltet, das auch als Banner an der Fassade hing. Der Leiter der Kleinen Szene Klaus Herrich empörte sich. Später wurde klar, dass er ein inoffizieller Mitarbeiter der Stasi (IM) war. Das Plakat dürfe nicht hängen. „Das sieht aus wie Scheiße!" Wir haben uns gewehrt und gesagt, dass wir nicht spielen würden, wenn das Plakat abgehängt wird. Daraufhin wurden wir im großen Saal der Kleinen Szene einzeln ‚verhört'. Da saßen Klaus Herrich und fünf, sechs Leute aus der Kulturpolitik. Wir ließen uns nicht erweichen. Dafür hatten wir im Haus auch Unterstützung. Also blieben Plakat und Banner hängen. Wir spielten das Stück mehrfach. Vor der Wende hatte ich viel mehr Mut.

21 Gerhard Kettner (1928–1993), Maler, Zeichner, Dozent, von 1970–1974 und 1979–1981 Rektor der Hochschule für Bildende Künste Dresden

„Lob des Lobes", Choreografie und Tanz: Hanne Wandtke, Fučikhalle Dresden 1989, Foto: Kurt-Joachim Lagler, courtesy of the artist

Hat sich Palucca solche Aufführungen angeschaut?

Ja, manchmal. Ich war natürlich gespannt, was sie dazu sagen würde. Zu meinem Abend *In zarter Eigenhaut* etwa hat sie gesagt: „Naja, also, das war schon interessant." Palucca hat nie gesagt, ob sie es gut oder schlecht fand. Sie hat sich gewunden, hat sich nicht festgelegt. So richtig gut hat es ihr bestimmt nicht gefallen.

War es ihr vielleicht zu politisch?

Es war nie so offensichtlich politisch.

Wann hast du mit den *Irritationen* begonnen?

Ich trat ab 1988 in Soloprogrammen auf. Dabei begleitete mich meistens Waldemar Wirsing. Es gab *Irritationen I* und *Irritationen II*. Der erste Abend war die Inszenierung einer Beziehungspartitur. Eines dieser Programme hieß *Permanente Kunstkonferenz*. Wir zeigten es 1989, noch vor der Wende, in der Galerie Weißer Elefant in der Almstadtstraße in Berlin. Waldemar Wirsing begleitete mich am Akkordeon. Er hatte sich die Haare lang wachsen lassen. Ich habe auch in der Kleinen Szene in Dresden Soloprogramme gezeigt.

War der ‚Weiße Elefant' die Galerie, in der auch die Auto-Perforations-Artisten ihre Aktionen zeigten?

Ja, es gab zum Beispiel eine Aktion, in der Else Blut verwendet hat. Ich sollte für sie mit meinem Auto einen Eimer Blut vom Schlachthof holen. Es bedeutete, ganz langsam zu fahren. Else hatte sehr langes rotes Haar. In der Aktion tauchte sie plötzlich ihr Haar und ihr Gesicht in den Eimer und kam mit Schwung wieder hoch. Das Blut flog bis zum Publikum. Dann lief ihr das Blut über das Gesicht und die Brüste. Auf der Bühne stand ein Aquarium. Wir hatten vorher Fliegen im Dachboden über ihrer Wohnung in der Dunckerstraße gezüchtet, den wir abgedichtet hatten. Wir haben sie gefüttert und sie vermehrten sich – wie die Fliegen. Vor der Vorstellung lockten wir die Fliegen in ein Aquarium. Als Else mit ihrem blutigen Gesicht dasaß, zogen wir die Abdeckung weg. Es zischte nur kurz und schon saßen die Fliegen auf ihrem Gesicht. Einige Leute verließen pikiert die Galerie ...

Dann kam Micha. Er wurde mit einem Trabant vorgefahren. Er trug einen Pelzmantel, der Else gehörte, und eine Maske. Wir führten ihn herein, denn er sah ja nichts. Unter seiner Gesichtsmaske befanden sich zwei Rouladen, die er sich über die Augen gelegt hatte. An den Händen hatte er Vorrichtungen, mit denen man Fleisch grillen konnte. Ich hatte ihm zwei lange Küchenmesser an diese Vorrichtungen gebunden und festgeklebt. Nachdem Else fertig war, vollführte er mit diesen Messern eine Art Zeremonie, bevor er sich die Augen ausstach. Dann holte er die Rouladen heraus ... Wenn man das erzählt, klingt es wie ein Horrorfilm.

Dann gab es ja noch diese kühne Aufführung zur 12. Kunstausstellung des Bezirkes Dresden im Februar 1989 ...

Ja, die Aktion *Lob des Lobes* war eine Aufführung in der Fučíkhalle. Sie fand in der Installation *Offene Zweierbeziehung* von Angela Hampel und Steffen Fischer statt. Von der Decke hingen Netze, in denen Menschen eingepfercht zu sein schienen. Es waren neun lebensgroße Fiberglas-Figuren. Im selben Raum hingen auch Bilder von Steffen Fischer. Angela Hampel und Steffen Fischer luden mich zu einer Aktion in dieser Installation ein. Waldemar Wirsing machte dazu Musik. *Lob des Lobes* entstand als Reaktion auf eine Aktion der Auto-Perforations-Artisten in den großen Ausstellungshallen am Berliner Fernsehturm, bei der sie sich verschiedene Frechheiten geleistet hatten. Else Gabriel ließ dabei fünf Hühner laufen, die alles vollkackten. Die Auto-Perforations-Artisten benutzten Spinat. Es sah aus wie grüne Scheiße. Nach der Aktion erschien ein Verriss in der FDJ-Zeitung Junge Welt mit dem Titel „Braucht man für die Kunst Spinat?“ Das war typisch für die engstirnige DDR-Kunstkritik. Ich habe das zum Anlass genommen und geantwortet: „Unbedingt! Für die Kunst braucht man Spinat!“ Es war eine Schweinerei. Zu Beginn der Aktion sah ich wie eine mondäne Dame aus. Ich trug ein schwarzes Hosenkleid und lag elegant auf dem Flügel ausgestreckt. Waldemar Wirsing fuhr mich durch die Netze von Angela Hampel hindurch. Zwischendurch spielte er Klavier. Zuerst war alles sehr, sehr schön. Dann stand ich auf. Ich hielt eine rote Mappe vor meinem Körper, wie sie die SED verwendete, und las daraus vor. Dabei habe ich die DDR über den grünen Klee gelobt. Deshalb hieß die Aktion *Lob des Lobes*. Aber ich habe die Worte verformt, als würde ich sie erbrechen. Das Wort „Sozialismus“ hat man natürlich herausgehört. Ich habe diese fürchterlichen Worthülsen aus den Zeitungen verwendet, aber die Worte sozusagen herausgekotzt. Wir hatten vorher eine Schüssel mit Heilerde und eine Schüssel mit Wasser gefüllt. Die Heilerde sah aus, als wäre es Scheiße. Waldemar Wirsing stand ganz brav wie so ein Schüler da. Ich habe ihn mit der Heilerde beschmiert, während ich aus der Mappe vortrug. Zum Schluss steckte ich meinen Kopf in die Schüssel ...

Da hat niemand interveniert? Das ist ja schon erstaunlich.

Wir hatten am Nachmittag eine Probe. Die Kunsthalle war zugeschlossen. Es war niemand da außer uns. Plötzlich standen da fünf Männer, die sich die Netze mit den Gefangenen von Angela Hampel und die Bilder von Steffen Fischer anschauten. Sie taten so, als würden sie sich für Kunst interessieren. Eigentlich hatten sie kontrollieren wollen, was wir da tun. Wir haben natürlich das Erbrechen nicht ausgespielt. Wir haben wirklich freche Sachen gemacht, wurden aber nicht verhaftet.

Es war sicher nicht die einzige Form der Überwachung?

Eines Tages kam ich mit meinem grünen Golf aus der Palucca Schule nach Hause. Damals besaß kaum jemand so ein Auto. Alle in der Nachbarschaft wussten, dass der grüne Golf mir gehörte. Vor der Wohnung stand ein Trabant. Darin saß ein Mann. Ich parkte meinen Golf direkt daneben. Der Mann rührte sich nicht. Normalerweise schaut man doch in so einer Situation hin oder nickt wenigstens. Es standen ja nur drei Autos am Martin-Luther-Platz. Es war die Zeit, als ich mit den Auto-Perforations-Artisten allerlei subversive Aktionen veranstaltete. Als ich in die Wohnung kam, waren Micha und andere Künstler bei der Arbeit. Ich fragte sie, wie lange der Mann im Trabant denn da schon säße. Sie sagten, dass sie schon am Fenster herumgealbert und an die Scheiben geklopft hätten, aber der Mann hätte nicht zu ihnen geschaut. Zwischendurch wäre er nicht mehr da gewesen, saß dann aber wieder vor der Tür. Es war schon komisch. Abends kochte ich. Der Mann saß immer noch vor der Tür. Da sagte ich zu den Jungens: „Jetzt gehe ich hinaus und lade ihn zum Essen ein." Aber vorher habe ich mich richtig hübsch gemacht. Ich zog mir einen kurzen Rock an und schminkte mir die Lippen rot. Ich ging zu ihm hinaus, stützte meinen Ellbogen auf seinen Trabant, schielte zu ihm hinein und grinste ihn auffordernd an. Da musste er ja das Fenster öffnen. „Guten Abend. Da sitzen Sie hier stundenlang und schauen. Ich würde Sie sehr gerne zum Essen einladen. Es gibt Erbsen und Möhren. Es ist auch etwas Fleisch dabei." Das sagte ich mit einem ganz freundlichen, aber überzogenen Lächeln. Er antwortete, dass es nicht ginge. Ich fügte hinzu: „Sie sitzen hier und sitzen, und Ihre Frau und Ihre Kinder warten. Es ist doch der 13. Februar!" Es war 1988 oder 1989. „Wir haben beobachtet, dass Sie ab und zu aufstehen müssen. Wir haben übrigens eine sehr gut funktionierende Toilette. Sie müssen nicht an die Elbe gehen, Sie können unsere Toilette gerne benutzen." Er tat mir sogar ein wenig leid, weil ich so penetrant war. Aber ich habe das ausgespielt, ich kam mir wie beim Kabarett vor. „Wenn Sie mit uns essen, wüssten Sie ja dann auch gleich, wer wir sind. Das könnten Sie direkt vor Ort erkunden." Er wusste natürlich nicht, was er sagen sollte. Tatsächlich hatte er ein Stullenpaket und eine Thermoskanne dabei und bedankte sich immer wieder. Dann sind wir wie immer am 13. Februar mit unseren Kerzen zur Frauenkirche gegangen. Als wir zurückkamen, war er nicht mehr da. Er war einer von vielen, die unten standen.

Später vermisste ich mein dickes Notizbuch. Es war so eine Art Zeitplaner, in dem ich alle Stundenpläne, Termine, Kontakte und Informationen zu jeder Klasse der Palucca Schule sammelte, aber auch meine Ideen festhielt. Ich notierte darin alles, was ich brauchte, alles, was ich am Tag machte. Ich legte mein Notizbuch und meine große Tasche unten im Laden immer an dieselbe Stelle. Eines Sonntags war das Buch verschwunden. Ich suchte es und verdächtigte sogar Micha, dass er es verlegt haben könnte. Er verteidigte sich und sagte:

„Ich würde doch deinen Kalender niemals nehmen. Ich weiß doch, dass du ihn brauchst." Ich habe das Buch gesucht und gesucht! Nach zwei Tagen lag es wieder an seiner ursprünglichen Stelle. Da wurde uns klar, wer uns besucht hatte ...

Also wusste die Staatssicherheit nicht nur, was du vorhattest ...

Sie wussten auch, was Micha tat, was wir planten. Er hat doch damals Künstlerbücher herausgegeben. Die erste Reihe hieß *UND*, die zweite *U. S. W.*. Danach hat Thomas Haufe die Reihe weitergeführt, aber nur bis zur Wende. Da hieß sie *U. S. F.* Micha besaß alle Künstlerbücher. Es waren insgesamt wohl 25 Bücher. Wir brachten sie auch in andere Städte, zum Beispiel nach Berlin, Leipzig und Karl-Marx-Stadt. In Berlin etwa gab es ein Projekt mit dem Titel *A Drei*. Die Künstler:innen haben sich sehr bemüht, die Bücher zu vervielfältigen, handschriftlich oder mit diesem Ormigverfahren. Die Technik war primitiv, aber es war damals so wichtig, dass diese Kunst wahrgenommen wurde. Ich hatte ja ein Auto. Also habe ich die Künstlerbücher transportiert. In Karl-Marx-Stadt erhielt ich im Gegenzug von Michael Morgner Künstlerbücher, die dort entstanden. So ging das reihum. Ich war eine Art Kurier. Ich dachte immer, wenn sie mir die Bücher wegnehmen, wäre das ein unwiederbringlicher Verlust. Die Staatssicherheit wusste sicher davon. Ich wurde mehrfach angehalten. Aber ich habe es raffiniert vorbereitet, indem ich alle Bücher sichtbar auf die hintere Ablage des Autos gelegt habe, etwas durcheinander.

Das ist das Prinzip des offenen Verstecks, wie es Edgar Allan Poe in seiner Geschichte *Der entwendete Brief* beschrieben hat.

Ja, der Trick ist nicht neu. Einmal wurde ich gleich in der Hansastraße angehalten. Da kam ein Vopo, salutierte zackig, zeigte mir seine Kelle – und begrüßte mich mit meinem Namen! „Na, guten Tag, Frau Wandtke, wo fahren Sie denn hin?" Ich antwortete, dass ich nach Berlin zu meiner Familie führe. Wir tauschten einige Belanglosigkeiten aus. Er linste dabei mit einem Auge nach hinten in mein Auto und schaute sich die Ablage an. „Was ist denn das?" Ich antwortete: „Na, das sind Künstlerbücher. Sie können gerne einmal hereinschauen." Er nahm kein einziges Buch heraus und sagte plötzlich: „Gute Fahrt!" Tatsächlich habe ich wegen der Künstlerbücher nie Ärger bekommen.

Wurde jemand aus eurem Umfeld verhaftet?

Nein! Ich habe mich darüber gewundert! Wir waren so frech! Nicht einmal, als ich den Stasi-Mann zum Essen einlud. Ich habe mich oft gefragt, warum uns die Staatssicherheit in Ruhe ließ. Eigentlich war es kein Wunder, denn bei uns konnte sie viele Künstler:innen gleichzeitig observieren. Nach der Wende erfuhr ich dann, dass auf die Auto-Perforations-Artisten 37 Spitzel und allein auf mich sieben IMs angesetzt waren. Die Stasi wusste alles.

In den Akten stand ‚MB‘ für Michael Brendel und eine Nummer dahinter. Die Nummer bedeutete Haussuchung, Telefonkontrolle, Postkontrolle. Die Leute von der Stasi hatten Schlüssel, Abhöranlagen und sicher haben sie uns auch fotografiert. Zum Schluss gaben sie sich nicht einmal mehr die Mühe, die Briefe wieder zuzukleben. Sie wurden geöffnet und in geöffnetem Zustand zurück in den Briefkasten gelegt. Wir wurden immer frecher, aber es ist nie etwas Ernsthaftes passiert. Für mich beweist das, dass die Stasi uns voll unter Kontrolle hatte. Oder lag es an Sascha Anderson, der bei uns ein- und ausging? Es war eine Diktatur.

John Cranko hat mir jeden Monat die Zeitschrift *Tanz* schicken lassen. Manchmal kam sie an, manchmal nicht. Einmal erhielt ich einen Zettel vom Zoll. „Ist wegen pornografischer Darstellung eingezogen worden." Ich schaute mir die Zeitschrift danach bei einer Bekannten an, weil ich wissen wollte, was es zu monieren gab. Es war eine nackte Tänzerin abgebildet.

Bist du später jemandem begegnet, der euch observiert hat?

Ja! Er ist sofort weggelaufen. Ich rief ihm ganz laut hinterher: „Hallo, Frank Walter!" Das war sein Deckname als IM. Eigentlich war er ein netter junger Mann. Sein Name lautete Michael Tittel. Er wohnte neben uns und hat sich bei uns eingeschlichen. Micha und ich saßen ja oft mit anderen Künstler:innen in der Küche. Da konnten wir sehen, dass bei ihm noch lange Licht brannte, nachdem er bei uns gewesen war. Wir fragten uns, was er da nur so lange tat. Der Mann schrieb und schrieb. Er hat protokolliert, was er bei uns zuvor gehört hatte.

Hast du Choreografien, die für andere Anlässe entstanden, auf Palucca-Schüler:innen übertragen?

Das Stück *Der Optimist und der Pessimist* habe ich 1987 zusammen mit Waldemar Wirsing erfunden. Es war ein Solo. Dabei trug ich meine schwarze Arbeitskleidung. Sie bestand aus einem sowjetischen Unterhemd, das ich schwarz gefärbt hatte, und einer schwarzen Hose. Ich hatte natürlich mehrere solcher Unterhemden. In dieser Kleidung habe ich während meiner gesamten Zeit an der Palucca Schule gearbeitet. Es war aber auch meine Bühnenkleidung. Der Witz in diesem Stück bestand darin, dass ich mir einfach nur zwei Varianten für Mund und Augenbrauen aus dickem Papier gebastelt hatte: eine für den Optimisten, eine für den Pessimisten. Ich bin damit zum Beispiel im Theater Gera und auf der Studiobühne im Bauhaus Dessau aufgetreten. Im Bauhaus Dessau hatte ich zwei Musiker dabei. Es waren Lothar Fiedler und ein Schlagzeuger. Ich zeigte mehrere kurze Stücke. Für jedes

„Strip-Marie", Improvisation von Hanne Wandtke, Aktion vor der Villa Marie am Blauen Wunder, Dresden 1990, Foto: Bildermann

Stück benutzte ich ein anderes Requisit. Dazwischen spielten die Musiker. Solche Choreografien habe ich später auf meine Schüler:innen in der Palucca Schule übertragen.

Mit den Palucca-Schüler:innen hatte ich fast jede Woche kleine Auftritte, sowohl vor der Wende als auch danach. Dabei hat mich die Pianistin Ursula Wolle begleitet. Sie war anfangs etwas schüchtern, aber ich habe sie gezwungen zu improvisieren. Es hat ihr dann großen Spaß gemacht. Meistens waren fünf, manchmal sieben Schüler:innen dabei. Sie tanzten auf kleinen Bühnen, zum Beispiel in Kulturhäusern, selbst in der Stadtsparkasse. Wir hatten immer viele Zuschauer:innen.

Am 19. November 1989, also zehn Tage nach dem Mauerfall, hast du eine Rede auf dem Dresdner Theaterplatz gehalten. Gunther Emmerlich stellte dich als Lehrerin der Palucca Schule vor …

Zunächst fand eine große Demonstration und danach die Veranstaltung der Dresdner Künstler:innen auf dem Theaterplatz statt. In der Palucca Schule hatte kaum jemand registriert, welche Veränderungen sich in der Gesellschaft vollzogen. Auch Palucca war mucksmäuschenstill. Deshalb hatte ich am 6. November 1989 zusammen mit Antje Ladstätter im Foyer der Palucca Schule eine Trommelaktion veranstaltet. Antje Ladstätter hat getrommelt, ich trug unseren Text vor. Es war ein Aufruf, aus der Lethargie zu erwachen. Wir haben kritisiert, dass die Schule zu einem herkömmlichen und ideenlosen Institut heruntergekommen war, das von früheren Erfolgen zehrt. Es genüge nicht, an Techniken zu arbeiten, es müsse wieder ein geistiger Anspruch an den Tanz erhoben werden. Das Autoritätsgebaren der Lehrer:innen müsse verschwinden, es ginge um echte Demokratie. Danach passierte – nichts.

Aber an der Hochschule für Bildende Künste machte man richtig Rabatz! Der 19. November war ja auch mein fünfzigster Geburtstag. Da dachte ich mir also, dass ich für die Palucca Schule auf die Bretter gehen sollte. Das hat Rainer Walther, dem Direktor, nicht gefallen. Er meinte, ich dürfe die Schüler:innen nicht auffordern, an der Veranstaltung teilzunehmen. Ich habe ihm geantwortet, dass die Welt doch in Unordnung sei … Also sprach ich ohne Legitimation der Palucca Schule. Danach verlas Thomas Hartmann, vorgestellt als Meistertänzer, einen Brief von Palucca. Nach ihm sprach die Tänzerin Iris Sputh. Ich weiß nicht, ob Schüler:innen der Palucca Schule auf dem Theaterplatz waren. Damals haben sich ja viele lieber versteckt. Aber das geht doch nicht!

Worum ging es bei der Aktion Strip-Marie?

Sie bezog sich auf die Villa Marie am Blauen Wunder. Das war eine sehr schöne Villa. Leider war sie sehr verfallen. Nach der Wende wollten meine Freundin Wanda[22] und ich die Villa Marie kaufen. Wanda lebte dort seit 1982 mit einigen anderen Künstler:innen und hat 1986 die Galerie fotogen eröffnet. Sie wurde 1987 verboten, was Wanda nicht hinderte, weiter auszustellen. Es gab verschiedene Begehrlichkeiten. Auch die Stadt Dresden hat sich für die Villa interessiert. Dann fand im Kleinen Haus eine Stadtverordnetenversammlung statt, bei der Projekte für verschiedene Objekte in Dresden vorgestellt wurden. Man diskutierte, wer sie bekommen sollte. Wanda und ich gingen hin. Ich meldete mich und sagte, dass Wanda und ich die Villa als Kunstort erhalten wollten. Wir hätten auch schon Geld für den Kauf gesammelt, was natürlich nicht stimmte. Da meldete sich ein junger Mann und meinte: „Vorbei!". Der Verein Obst Gemüse Speisekartoffeln hätte die Villa schon gekauft. Wir haben noch eine Weile gekämpft, aber es war umsonst. Zu diesem Zeitpunkt war die Villa nicht beheizbar. Der Strom war schon abgeschaltet. Es hatte vor der Wende keine Verträge gegeben. Der Verein besorgte sich eine Nutzungsgenehmigung, mit der die Einhaltung des Denkmalschutzes abgesichert war. Damit erhielt er den Zugriff.

Wanda hatte in der Villa Marie Künstler:innen ausgestellt, die ihre Werke sonst nicht zeigen durften. Das wurde von der Staatssicherheit intensiv beobachtet. Sie arbeitete eigentlich im Studentenclub der Hochschule für Bildende Künste. Dort hat sie auch Werke von Künstler:innen gezeigt, Lesungen veranstaltet und Musiker:innen auftreten lassen, die in der DDR nicht genehm waren. Heute hängt der Spruch „Die Galerie bleibt während der Öffnungszeiten geschlossen" hier in meiner Wohnung. Damals hatte ihn der Siebdrucker Thomas Haufe auf einen langen Papierbogen gedruckt. Er rollte ihn durch alle Zimmer der Villa Marie. Es wurden auch Verbote ausgesprochen, aber Wanda ließ sich nicht beirren und zeigte weiterhin Kunst. Im Mai 1990 musste Wanda die Villa verlassen. Die Villa Marie war für die Kunst verloren. Aber ihre Verschließung war wirklich interessant. Wir luden viele Künstler:innen ein und haben zwei, drei Tage lang gefeiert. Es begann damit, dass wir alle zu einem Pferderennen nach Reick fuhren. Der älteste Klappergaul hieß Moosrose. Wir setzten alle auf Moosrose. Danach ging es zurück zur Villa Marie. Dort habe ich die *Strip-Marie* gezeigt. Antje Ladstätter steuerte mit einem transportablen Radiorecorder Musik bei, darunter Fanfarenklänge, sakrale Musik von Michael Praetorius und der Propaganda-Song *Sag mir, wo du stehst.* Am Anfang saß ich in einem Fliederbusch. Ich hatte mir grüne Blätter auf den Körper gemalt, war nackt und nur schemenhaft zu sehen. Dann zog ich mich allmählich warm an. Zuerst setzte ich mir einen Trauerflor auf, dann zog ich mir sehr langsam schwarze Strümpfe über. An fünfzehnter Stelle folgten rote Socken, an einundzwanzigster Stelle Hosenträger, an dreißigster Stelle graue Filzlatschen, an achtundvierzigster Stelle weiße Fausthandschuhe. Zwischendurch zerrte ich mir Hemden, Hosen, Pullover und Mäntel über. Ich setzte mir Mützen, einen Hut und eine schwarze Kappe auf. An fünfzigster

22 Claudia Reichardt (1962–2021), bekannt als Wanda, war Kuratorin, Kunstvermittlerin, Projektinitiatorin.

„Strip-Marie“, Improvisation von Hanne Wandtke, Aktion vor der Villa Marie am Blauen Wunder, Dresden 1990, Foto: Bildermann

Stelle fiel ich um. Ich konnte mich überhaupt nicht mehr bewegen und musste weggetragen werden. Anfangs war es sehr sexy. Je mehr Kleidungsstücke ich anhatte, desto länger dauerte es, noch etwas anderes darüber zu ziehen. Es war auch nicht einfach, sich zu bewegen. Ich musste lachen und schwitzte. Es dauerte insgesamt etwa eine halbe Stunde. Der Schriftsteller Jens-Uwe Sommerschuh hat die Performance unter dem Titel *Wunder gibt es immer wieder* beschrieben: „Anlässlich der Verschließung der Villa Marie erzählte Hanne Wandtke eine philosophische Geschichte. Am Anfang waren wir noch wir selbst. Am Ende hatten wir alles … Am Ende. Ihr Tanz berührte andererseits das Schicksal der Villa Marie ganz konkret: Marie kann sich anziehen, was sie will. Ihre unschuldig alternative Daseinsweise als nicht kommerzielle Kunststätte ist passé, und am Ende kommt es andersherum; Fremdenverkehr über die Brücke, Mercedesparkplatz unter der Brücke, Striptease in traditioneller Reihenfolge neben der Brücke, kann schon sein. Marie wird noch ihr blaues Wunder erleben."[23] Heute ist die Villa Marie ein sehr gutes Restaurant.

Die Nutzung der Blauen Fabrik, die ja sehr verfallen war, erforderte sicher auch Mut?

Die Blaue Fabrik war ein großer Glücksfall. Sie wurde 1991/1992 von Sigrid Walter, Thomas Haufe und Lutz Fleischer als Galerie gegründet. Vorher war das eine Schokoladen-, später eine Seifenfabrik.[24] Dem Besitzer, einem Herrn Richter, gehörte das Vorderhaus und die Fabrik. Er erlaubte die Nutzung von zwei großen Räumen in der ersten Etage und eines kleineren Raums im Dach. Ich war oft in der Galerie und schlug vor, mit Palucca-Schüler:innen bei Ausstellungseröffnungen zu improvisieren. Ich habe auch selbst getanzt und performt. Die Schüler:innen konnten dort wertvolle Bühnenerfahrungen sammeln.

Aber die bauliche Situation war katastrophal. Der Fußboden war kaputt. Es waren Dielen. Es war nicht einfach, auf so einem Boden zu tanzen. Wir haben das in Kauf genommen, weil es eine wunderbare Spielstätte war. Der Zustand der Räume bereitete mir durchaus Sorgen. Ich habe sogar eine Versicherung abgeschlossen. Es gab immer Palucca-Schüler:innen, die unbedingt dabei sein wollten. Aber einige von ihnen waren noch nicht volljährig. Die Abende wurden jedoch sehr lang. Einmal habe ich den Fehler begangen, einem Vater zu sagen, dass ich seinen Sohn nach der Vorstellung nach Hause fahren würde. Er wohnte in Bannewitz. Das wusste ich aber nicht, als ich mein Versprechen gab. Also fuhr ich nachts bis hinaus nach Bannewitz und wieder zurück in die Neustadt.

23 Jens-Uwe Sommerschuh: „Wunder gibt es immer wieder. Verschließung einer Villa – Marie ist tot – Es lebe Marie", in: Sächsische Zeitung, 19. Mai 1990.

24 Sie befindet sich in der Prießnitzstraße 48 in der Dresdner Neustadt.

1996 übernahm ich die Leitung einer Gruppe von Komponist:innen, Musiker:innen und Tänzer:innen, die in der Blauen Fabrik auftraten. 1997 erfolgte die Eintragung ins Vereinsregister. Der Blaue Fabrik e. V. existiert weiterhin, aber in der Eisenbahnstraße. Das Logo habe ich erfunden. Es wird immer noch verwendet.

Wir veranstalteten verschiedene Reihen. Eine Reihe hieß *Konzert am Kamin*. Das waren musikalische Abende. Es spielten zum Beispiel Hartmut Dorschner, Matthias Macht und Scotty, also Andreas Böttcher. Eine andere Reihe trug den Titel *Tanz Mal Musik*. Bei diesem Projekt arbeiteten zunächst Maler eine Woche lang in der Blauen Fabrik, darunter Claus Weidensdorfer und Helge Leiberg. Nachdem sie den Raum ausgestaltet hatten, kam Musik, also Free Jazz, und Tanz hinzu. Eine Serie hieß *Gelb*, die andere hieß *Blau*. Das Stück *Aus Sehnsucht, Verzweiflung und Hoffnung* etwa gehörte zur Serie *Blau*. Da war ich ganz in Blau gekleidet. Ich kam mit einem großen blauen Umhang herein, den ich mir von Ahmad Mesgarha, dem Schauspieler, geborgt hatte, und trug eine blaue Perücke. Ich hatte einen blauen Rucksack, es war alles blau.

Im November 1998 veranstalteten wir ein Programm zum Thema Rendezvous. Ich schrieb das Wort Rendezvous dabei jedes Mal anders. Am 6. November hieß es *Rangdewu*. Improvisationsabend der Studentinnen der Palucca Schule – Akademie für künstlerischen Tanz mit musikalischen Gästen. Leitung: Hanne Wandkte. Am 17. November fand wieder ein Improvisationsabend mit Studentinnen der Palucca Schule, Musikern und mir statt. Diesmal lautete der Titel *Rondewu*. Am 20. November boten wir ein Filmisches Rendezvous unter dem Titel *Aufbruch und Resignation*. Es ging um die Euphorie in der Dresdner Neustadt nach dem Fall der Mauer. Zwischen den Filmen improvisierten Student:innen der Palucca Schule.

Meinst du, dass es unserer Gesellschaft an Mut fehlt?

Da man heute alles tun und sagen darf, ohne dass es Konsequenzen hätte, hat Mut nicht so eine große Bedeutung. Damals war es wertvoll, mutig zu sein.

Die Fragen stellte Angela Rannow.

S. 62/63 Tag der offenen Tür, PHfT Dresden, 2024, Foto: Leo Ziems

Catherine Rinehart Beer

In einer patriarchalischen Gesellschaft brauchen Frauen Mut. Das betrifft viele Aspekte des Lebens einer Frau. Ich möchte hier nur auf das Thema Mut in Bezug auf Sicherheit eingehen. Mut bedeutet, über die mentale Stärke zu verfügen, durchzuhalten und Angst zu widerstehen: zu wissen, dass man sich in einer gefährlichen oder schwierigen Situation befindet, und sich dennoch darin zu behaupten. Vor einiger Zeit verfolgte mich ein Mann, als ich im Dunklen nach Hause ging. Es war extrem beängstigend. Die Situation war potenziell verhängnisvoll, ist aber eine Realität, mit der Frauen häufig konfrontiert sind. In diesem Moment musste ich tapfer sein, um diesen Mann anschreien und wegrennen zu können. Dennoch glaube ich, dass nach so einem Ereignis noch viel mehr Mut nötig ist: immer dann, wenn es gilt, in der Dunkelheit wieder allein nach Hause zu laufen. Man darf sich nicht von Ängsten dominieren lassen trotz eines Systems, das von der Unterdrückung der Frau profitiert. Raum einzunehmen, heißt mutig zu sein. Zu wissen, dass Gefahr droht und dennoch weiter voranzugehen, heißt mutig zu leben, damit Frauen zukünftiger Generationen freier und selbstbestimmter als wir leben können.

S. 64 *Catherine Rinehart Beer, Bachelor-3-Projekt „(W)hole“, Dresdner Heide, 2025, Foto: Kim Josephine Schölch*

Avatâra Ayuso

Ich bin in uns alle verliebt

Wie würdest du dein Projekt *AWA Dance* beschreiben?

AWA Dance ist die Abkürzung für *Advancing Women's Aspirations with Dance.* Es ist eine gemeinnützige Organisation mit Sitz im Vereinigten Königreich. Sie unterstützt Mädchen und Frauen dabei, mit Hilfe der transformativen Kraft des Tanzes Führungsqualitäten zu entwickeln. Dafür bieten wir den Teilnehmerinnen verschiedene Formate an, darunter Workshops, Mentoring-Programme und Tanztrainings. Außerdem richten wir ein Festival aus, das sich speziell an Mädchen richtet. All das hilft den Mädchen und Frauen dabei, sich ihren Vorstellungen entsprechend zu Führungspersönlichkeiten zu entwickeln.

Wir wollen auf die Herausforderungen eingehen, mit denen Mädchen und Frauen in unserer heutigen Gesellschaft konfrontiert sind, indem wir Mut fördernde, sichere Orte für Veränderung und Selbstermächtigung bieten. Tanz dient uns dabei als Katalysator, um Führung aus einer ganzheitlichen Perspektive neu zu denken. Die Teilnehmerinnen werden dazu ermutigt, aus ihrem Inneren heraus zu führen. Sie beschäftigen sich zum Beispiel mit Fragen wie: „Wer bist du?", „Welche Werte sind dir wichtig?" und „Was verrät dein Körper über dich und dein Leben?". Mit solchen Selbsterkundungen regen wir sie dazu an, aktiv auf ihr Umfeld einzuwirken.

Tanz ist ein ideales Medium, um Führungsqualitäten zu fördern, weil er die Grenzen der Kunst überschreitet. Er hilft den Mädchen und Frauen, ihren Körper, ihren Geist und ihre Seele zu respektieren. Tanz fördert das körperliche und geistige Wohlergehen, das Selbstvertrauen und die expressiven Fähigkeiten. Mit Hilfe von Tanz entwickeln die Teilnehmerinnen wichtige Fähigkeiten und Qualitäten. Dazu gehören eine effektive Kommunikation, Empathie, Teamwork, Anpassungsfähigkeit, Problemlösungsvermögen, Resilienz, Vertrauen und kreatives Denken.

Wir sind der Überzeugung, dass die Kombination von tänzerischen Praktiken und Führungsqualitäten unsere Teilnehmerinnen sehr gut auf die kreativen und sozialen Herausforderungen des 21. Jahrhunderts vorbereitet. Wir verhelfen Mädchen und Frauen zur Selbstermächtigung. Mit Hilfe dieser einzigartigen Herangehensweise inspirieren wir eine neue Generation von Führungspersönlichkeiten, sich zu entfalten, und hoffen, dass daraus weiterreichende Veränderungen erwachsen.

S. 68/69 Avatâra Ayuso, Choreografin und Tänzerin, A Million Friends, 2012, Foto: Ana García Segura

Was war für dein Engagement für Mädchen und Frauen ausschlaggebend?

AWA Dance entstand aus einer Kombination aus Frustration und Inspiration. Die Frustration resultierte aus der anhaltenden Ungleichheit in unserer Gesellschaft; die Inspiration aus der riesigen Kraft der Mädchen und Frauen, denen ich während meiner Karriere als Choreografin in vielen Ländern der Welt begegnet bin. Trotz der bemerkenswerten Führungsqualitäten, des künstlerischen Talents und des unerschütterlichen Engagements, das diese Mädchen und Frauen an den Tag legten, um die Situation ihrer Gemeinschaft und unserer Welt zu verbessern, wurden sie nicht gehört und unterstützt. Sie standen nicht an vorderster Front. Ich fragte mich immer wieder, warum das so ist. Welche Barrieren hinderten sie daran, ihr Potenzial als Führungspersönlichkeiten voll zu entfalten?

Meine Antwort darauf hieß, zu handeln. Meine Reaktion auf diese drängende Frage war die Gründung von *AWA Dance*.

Ich erinnere mich noch ganz genau an den Moment, als ich die Idee hatte, so eine Organisation zu gründen. Nach fünfzehn Jahren professioneller Erfahrung als international tätige Choreografin erkannte ich, dass ich etwas anbieten wollte, das über meine künstlerische Arbeit hinausgeht. Eines Abends, als ich mich mit einer Freundin in London traf, erzählte ich ihr von meiner Idee, eine Organisation zur Selbstermächtigung von Mädchen und Frauen zu gründen. Sie antwortete: „Du bist verrückt! Das ist überdimensioniert! Warum willst du nicht etwas kleiner und weniger ambitioniert anfangen?“ Aber ich hörte nicht auf sie. Im Gegenteil, das Gespräch bestärkte mich darin, mich für *AWA Dance* zu engagieren. Damals wusste ich noch nicht, mit wem ich diese Reise beginnen sollte und an welchem Ort. Aber ich war überzeugt, dass sie stattfinden würde. Heute kann ich es kaum fassen, dass AWA Dance im Februar 2025 schon fünf Jahre existiert. Was als ambitionierter Traum begann, wurde Wirklichkeit, und wir werden weiterhin Mädchen und Frauen bestärken und inspirieren, mit Selbstvertrauen und Mut Führungsrollen auszufüllen.

Könntest du einige Beispiele nennen, die verdeutlichen, inwiefern *AWA Dance* Mädchen und Frauen dabei unterstützt, Führungspositionen einzunehmen?

Die Wirkung unserer Arbeit wird zunehmend sichtbar. Einige der Frauen, die wir unterstützt haben, nehmen jetzt Führungspositionen innerhalb ihrer Organisationen ein. Andere haben den mutigen Schritt gewagt, freischaffend zu arbeiten. Sie arbeiten als Mentorinnen und im Bereich Coaching. Wieder andere sind zu Koproduzentinnen in Tanzorganisationen aufgestiegen. Einige Mädchen wurden Vorstandsmitglieder unseres Jugendfestivals und helfen, unser Girls in Dance Festival zu kuratieren.

Das Wichtigste dabei ist, dass sie sich alle bestärkt, unterstützt und angespornt gefühlt haben, sich zu einer Führungspersönlichkeit zu entwickeln, die ihrer eigenen Vorstellung entspricht. Sie gestalten die Art, wie sie ihre Leitungsfunktionen ausfüllen, jenseits patriarchalischer Modelle, die nicht berücksichtigen, wer sie sind.

Was sind die größten Herausforderungen auf diesem Weg? Wie stellst du dich ihnen?

Die Herausforderungen betreffen nicht nur mich. In unserer Gesellschaft ist jedes Mädchen, jede Frau mit ihnen konfrontiert. Vom Moment unserer Geburt an gibt es Hindernisse: die Sprache, mit der man sich auf uns bezieht, die Erwartungen, die man an uns hat, der Mangel an Vertrauen in unser Vermögen, entscheidende Verantwortung zu übernehmen, und die Voreingenommenheit in Bezug auf das, was wir können oder tun sollten. Diese Barrieren finden sich überall – sogar im Tanz! Ich selbst war wiederholt kleineren Aggressionen ausgesetzt, einfach nur, weil ich eine Frau bin. Es handelte sich um Fragen und Verhaltensformen, mit denen man Jungen und Männern niemals begegnen würde.

Gleichzeitig bin ich mir meines Privilegs sehr bewusst, eine weiße Frau zu sein. Es ist unbedingt nötig, anzuerkennen, dass Frauen und Mädchen mit anderer kultureller und ethnischer Herkunft viel größerer Diskriminierung und größeren Herausforderungen ausgesetzt sind.

Wie gehe ich mit solchen Herausforderungen um? Ich bestehe darauf, Ungerechtigkeiten zu benennen, wenn ich ihnen begegne. Ich stelle sicher, dass ich von Menschen umgeben bin, die ich bewundere und respektiere. Ich feiere mit denen, die Freundlichkeit und Empathie zeigen, sowohl Männer als auch Frauen. Ich habe eine Organisation wie *AWA Dance* gegründet, um zum Aufbau einer gerechteren Gesellschaft beizutragen. Vor allem versuche ich aber, mich in meinem Leben und meiner beruflichen Tätigkeit von meinen Werten leiten zu lassen.

Was kann Mädchen und Frauen im Tanz und in der Gesellschaft bestärken?

Selbstermächtigung beginnt mit dem Moment unserer Geburt. Familien, Schulen und die Gesellschaft müssen viel stärker daran arbeiten, die Voreingenommenheit zu überwinden, mit der sie Mädchen und Jungen behandeln. Für Mädchen und Frauen ist es entscheidend, zu wissen, dass ihre Stimme zählt, dass sie gehört werden, und dass sie das Recht haben, mit am Tisch zu sitzen.

Im beruflichen Kontext müssen wir aufhören, Frauen wie Kinder zu behandeln, und sie stattdessen bestärken, indem wir ihnen Chancen bieten, sich zu entwickeln und zu handeln. Wir müssen uns immer wieder fragen: „Wo sind die Frauen?“ Wenn wir feststellen, dass sie nicht vertreten sind, müssen wir nachhaken: „In welcher Form sind sie beteiligt?“

Nur wenn Mädchen und Frauen als gleichwertig gelten, wird sich unsere Gesellschaft wirklich entfalten und aufblühen!

Was motiviert dich? Was treibt dich an?

Es sind drei Dinge:

Erstens: Frustration und Ärger. Diese Emotionen motivieren mich besonders stark, mein Leben zu ändern. Sie bestärken mich darin, mich Ungerechtigkeiten entgegenzustellen und für eine bessere Welt einzusetzen.

Zweitens: Meine Bewunderung für die Mädchen und Frauen in aller Welt. Ich bin zutiefst inspiriert von ihrer Widerstandskraft, Stärke, und ihrer Strahlkraft. Ich bin in uns alle verliebt!

Drittens: Meine persönliche Erfahrung der transformativen Kraft des Tanzes. Ich weiß aus erster Hand, dass Tanz das Leben verändern kann. Ein Körper in Bewegung ist eine treibende Kraft der Heilung sowohl unserer eigenen Seele als auch derjenigen, mit denen wir uns umgeben. Dieses Wissen gibt mir die Stärke, weiterzumachen und niemals aufzugeben!

Die Fragen stellten Katharina Christl und Angela Rannow.

Salome, Choreografie und Tanz: Avatâra Ayuso, Kulturpalast Dresden, 2012, Foto: Daniel Koch

S. 74/75 Looking backward to tomorrow, Choreografie: Avatâra Ayuso, Europäisches Festspielhaus der Künste Hellerau, 2009, Foto: Eugenia Morales

Niko Adachi

Mut und Selbstvertrauen

Stelle dich den Realitäten und lerne, dich
selbst zu verstehen.
Tritt in eine neue Welt ein.
Wage den ersten Schritt.

Mut ist gefragt, wenn man mit etwas Neuem
konfrontiert wird, das unbequem ist oder un-
sicher macht, besonders, wenn man wenig
Selbstvertrauen hat. Aber wenn man sich gut
vorbereitet und übt, Selbstvertrauen aufzu-
bauen, braucht man vielleicht nicht mehr so
viel Mut.

Mut und Tanz

Auf einer Bühne tanzen.
Vor einem großen Publikum stehen und tanzen,
während sich alle Blicke auf dich richten.
Keine Angst vor dem Versagen haben und
während der Vorstellung alles geben.

Improvisation und Mut

Im Unterschied zu Balletten und anderen
Choreografien sind in der Improvisation un-
mittelbare Reaktionen und Fähigkeiten ge-
fragt. Da es schwer ist, sich darauf vorzube-
reiten, fordert Improvisation den Mut, sich
selbst zu vertrauen.

Niko Adachi, Bachelor-3-Projekt „(W)hole", Dresdner Heide, 2025, Foto: Kim Josephine Schölch

„Difference", Choregrafie und Tanz: Wagner Moreira, undatiert, Foto: Dirk Skiba

Tanz ist einfach überall

Ein Gespräch mit Wagner Moreira

Du engagierst dich für mehr Inklusion im Tanz. Was hat dich dazu bewegt?

Inklusion ist für mich seit Beginn meiner Arbeit als Tänzer und Choreograf in Brasilien, wo der Tanz ein politisches und soziales Werkzeug ist, eine Selbstverständlichkeit.

Ich habe schon als Zehnjähriger kleine Shows für die Leute in meiner Nachbarschaft choreografiert. Choreografieren ist für mich einfach eine natürliche Sache. Ich begann meine Tanzausbildung in Barbacena im Bundesstaat Minas Gerais in Brasilien, als ich dreizehn Jahre alt war. Meine Lehrerin für klassischen Tanz war Myriam Mockdece. Sie arbeitete mit der Methode der Royal Academy of Dance und vermittelte mir auch andere Tanztechniken wie Release, Floor Work und die Limón-Technik. Meine erste offizielle Choreografie entstand 2001 für das Musical *Ser Minas Tão Gerais* mit dem Sänger Milton Nascimento, der Grupo Ponto de Partida und vierzig Kindern des Chors Meninos de Araçuaí. Das Musical tourte durch Brasilien und wurde zu einem Festival auf den Champs Élysées nach Paris eingeladen. Daraufhin erhielt ich viele Anfragen von Theatern und entschloss mich, Choreografie zu studieren. Mein erstes Tanzstück hieß *BACH-BACENA – Just a little bit (A)Normal*. Ich habe es 2013 für das Tanztheater am Gerhart-Hauptmann-Theater Görlitz-Zittau choreografiert.

Zugänglichkeit und Teilhabe sind schon immer entscheidende Prämissen meiner künstlerischen Arbeit. Unterschiede und Vielfalt im zeitgenössischen Tanz gehören zu meinen Beweggründen, um Kunstwerke zu schaffen. Identitäten und ihre Körpersprachen hingegen sind für mich eher Zugaben.

Auch im Tanz ist es keine leichte Aufgabe, Tabus zu brechen. Viele Menschen können Kunst und Können nicht mit Behinderung, mit behinderten Körpern in Verbindung bringen. Leider wird Behinderung immer noch häufig als ein Nicht-fähig-Sein verstanden. Wenn man immer nur auf eine ‚perfekte' Technik schaut, also ausschließlich auf den Körper, bleibt der Mensch auf der Strecke. Eine Zeitlang war Behinderung auch für mich an Zerbrechlichkeit und Krankheit geknüpft. Doch mir wurde recht schnell klar, dass ich diese Vorstellung grundsätzlich revidieren musste. Durch die intensive künstlerische Auseinandersetzung mit sehr unterschiedlichen Körpern habe ich eine wichtige Erkenntnis gewonnen: Behinderung ist

S. 80/81 „Difference", Choreografie Wagner Moreira, HELLERAU – Europäisches Festspielhaus der Künste, 2022, Foto: Uwe E. Nimmrichter

West

keine Krankheit! Die englische Wortkombination „mixed-abled", also die Vorstellung, dass Menschen unterschiedliche Fähigkeiten haben, hat sich mir immer deutlicher erschlossen.

Warum engagierst du dich für dieses Thema?

Zum einen betrifft es die Auseinandersetzung mit Diversität. Als Choreograf hilft es mir enorm, unterschiedliche Körper mit und ohne Behinderung innerhalb der darstellenden Künste zu erforschen. Zum anderen fühlte ich mich selbst lange irgendwie behindert. Ich habe seit 2009 eine Einschränkung an meiner Hüfte, die einen chirurgischen Eingriff erforderte. Seitdem hat sich meine Sicht auf meinen Körper stark verändert. Ich habe mich intensiv mit der Funktion des Beckens auseinandergesetzt und versuche seither, möglichst effiziente Wege zu finden, um das Hüftgelenk optimal in meinen Bewegungen zu nutzen. Das bedeutet, es entsprechend seiner Möglichkeiten einzusetzen. Dadurch hinterfrage ich tänzerische Normen und kann neue choreografische und pädagogische Ansätze entwickeln, die körperspezifische Unterschiede berücksichtigen.

Inspiration bedeutet für mich, offen zu sein und die Ereignisse um mich herum wahrzunehmen. Häufig sind das einfache Übereinstimmungen von Farben, Wörtern, Bewegungen, Aussagen und Natur. Ich gehe gerne ins Kino, in Museen, Galerien und sogar in Baumärkte. Aber für mich sind auch Philosophen wie Michel Foucault und Jacques Rancière, wissenschaftliche Konzepte wie Entropie, Heterotopie, Dystopie und Dichotomie von Bedeutung. Häufig sind es gesellschaftliche Entwicklungen, die in mir das Bedürfnis erzeugen, Tabus zu brechen und durch Nonverbales und Körpersprache Diskurse zu schaffen.

Es war nicht immer einfach, einem konventionellen Publikum und den Geldgebern verständlich zu machen, dass Technik und Erfahrung nicht zwangsläufig entscheidende Voraussetzungen für eine professionelle künstlerische Arbeit sind. In dieser Szene bleibt es eine große Herausforderung, zu beweisen, dass man mit nicht normativen Körpern anspruchsvolle Kunst schaffen kann.

Behinderte Künstler:innen einzubeziehen, ist tatsächlich eine Hürde. Theater beruht auch auf Handwerk. Die Auffassung, dass man mehr, schneller und besser arbeiten sollte, ist gängig. Bedauerlicherweise ist Ableismus[25] weit verbreitet. Vielleicht ist es sogar einfacher, diese Mentalität zu verändern, als mit den administrativen und juristischen Vorgaben klarzukommen. Dazu gehört es, Themen wie Pflegebedürftigkeit, Ruhezeiten und Barrierearmut schon bei den Verhandlungen im Vorfeld zu bedenken. Leider existieren viele Barrieren in den Köpfen. Man hat Angst, Fehler zu machen.

25 Diskriminierung aufgrund körperlicher und/oder psychischer Beeinträchtigung oder Lernschwierigkeiten

Hat sich deine Arbeitsweise durch die Zusammenarbeit mit „mixed-abled" Künstler:innen geändert?

Mein künstlerischer Schwerpunkt hat sich durch die inklusive Arbeit grundlegend verändert. Ich habe in verschiedenen inklusiven Kontexten als Darsteller und Tänzer gearbeitet. Die Zusammenarbeit mit der Un-Label Company ermöglichte es mir, meine Arbeit aus einem anderen Blickwinkel zu betrachten. Sie eröffnete mir neue Perspektiven für Bewegung, Unterricht und Choreografie. Durch den inklusiven Ansatz stelle ich stärker die Funktion der Bewegung und nicht mehr die akademisch geprägte, normative Ästhetik der Formensprache in den Mittelpunkt. So wird schnell ersichtlich, dass jeder Körper anders ist und jede Situation ein anderes Vorgehen verlangt. Selbstverständlich gibt es im Tanz grundsätzliche Bewegungsformen und Prinzipien, denen ein akademisch ausgebildeter Tänzer:innen folgt. Allerdings sollte man einbeziehen, dass die Umsetzung einer bestimmten Bewegung durchaus variabel gestaltet sein kann. Meine Beobachtungen von unterschiedlichen Darsteller:innen mit und ohne Behinderung haben beispielsweise gezeigt, dass die Beziehung zwischen Mobilität und Stabilität bei der künstlerischen Arbeit eine wichtige Rolle spielt.

Einige Versuche, eine inklusive Produktion zu realisieren, scheiterten gleich zu Beginn an den Institutionen. Die Produktionen gelangen immer dann, wenn die Intendant:innen von Anfang an mutig waren und etwas Neues wagen wollten.

Zu Beginn habe ich mich solchen Aufgaben eher unbedarft oder sogar bewusst naiv gestellt. Es gab diesen Druck, alles richtig zu machen. In einigen Situationen hat das akademische Wissen nicht geholfen, wie sich auch gut gemeinte Anpassungen der Arbeitsprozesse als eher unnötig erwiesen haben. Ich finde es unbefriedigend, eine Art Check-Liste mit den Künstler:innen abzuarbeiten. Mir ist es wichtig, mich mit den Beteiligten und ihren konkreten Bedürfnissen auseinanderzusetzen. Erst dann kann es gelingen, gemeinsam kreative und sogar einfache Lösungen für verschiedene Probleme zu finden. Manche Barrieren waren sogar leichter abzubauen als gedacht. Einmal sagte ein Künstler, der im Rollstuhl sitzt, zu mir: „Wenn wir warten, bis man uns eine Rampe als Zugang zum Ballettsaal baut, werden wir nie zusammenarbeiten. Wenn du und ein, zwei Techniker mich jetzt samt Rollstuhl hineintragt, können wir sofort loslegen."

Seitdem gehe ich anders vor. Ich erläutere die künstlerische Grundidee. Dann arbeite ich gemeinsam und lösungsorientiert mit den Beteiligten auf und hinter der Bühne. Das beschleunigt den Prozess.

Kurz nachdem ich Leiter des Tanzensembles der Landesbühnen Sachsen wurde, begann die COVID-19-Pandemie. Zusammen mit der Kulturstiftung des Bundes schufen wir inklusive Produktionen und neue Formate wie Relaxed Performances[26], aber auch Fortbildungsprogramme für Arbeitgeber.

Worin bestanden dabei die größten Herausforderungen?

Das Wort Inklusion erschien mir lange als hochgestochen. Es verweist auf eine Utopie. Wenn man Inklusion nur als eine Maßnahme und nicht als Selbstverständlichkeit betrachtet, kann man nur scheitern. Wir leben in einer Gesellschaft zusammen. Es geht darum, Zugänge zu schaffen, denn Barrieren stellen sich für jeden Menschen anders dar. Zugänglichkeit ist eine Öffnung und eine Einladung, gemeinsam einen Ort zu betreten, eine Situation zu schaffen und ein Erlebnis zu teilen. Dabei sind alle gefragt, Platz zu nehmen und Teilhabe zu ermöglichen.

Vieles, was ich während der Probenprozesse zunächst als Herausforderung ansah, erweist sich heute als Bereicherung meiner künstlerischen Sprache.

Die erste Herausforderung bestand darin, zu verstehen, dass ich sehr offen und geduldig sein muss. Neue Abläufe und unkonventionelle Prozesse haben ihre eigene Dynamik und lassen sich nicht immer steuern. Die Zuversicht, die ich als Choreograf haben sollte, war in diesen Prozessen einerseits wichtig, andererseits aber ein gefährliches Muster.

Zudem fanden wir immer wieder neue Formen: Es gab einen Widerspruch zwischen dem Wunsch, choreografisches Material oder eine Szene festzulegen, und den vielen Erwartungshaltungen der an diesen Prozessen Beteiligten. Letztlich war aber allen daran gelegen, dass ein gutes, sensibles und kritisches Produkt entsteht, auch wenn das nicht in jedem Moment im Vordergrund stand.

Was verbindest du mit dem Thema MUT PALUCCA?

Im zeitgenössischen Theater sind Tänzer:innen und Choreograf:innen gefragt, die ein Verständnis für ihren Körper einschließlich der Vielfalt seiner Möglichkeiten haben und wissen, wie man verantwortungsvoll, behutsam, intelligent, kurz gesagt: bewusst mit ihm umgeht. Das gilt auch für menschliche Qualitäten sowie für Menschen mit anderen körperlichen und seelischen Verfassungen.

In diesem Zusammenhang ermutige ich mich selbst, jungen Kolleg:innen und natürlich auch erfahrenen Kolleg:innen dabei zu helfen, Mut aufzubringen und neue Wege in den darstellenden Künsten einzuschlagen. Es gilt, Normen zu hinterfragen und das nicht

26 In Kooperation mit dem Europäischen Festspielhaus der Künste Hellerau

Normative als Potenzial für eine neue künstlerische Sprache und wichtige strukturelle Veränderungen zu nutzen. Es geht um den Mut, erlernte Mittel und Techniken zur Selbsterkennung und Schulung der eigenen Fähigkeiten und Persönlichkeit auszubauen, anstatt sich ständig im Rahmen der Normen zu bewegen und immer wieder konventionelle Wege zu beschreiten. Meine Beobachtungen flossen in die Forschungsarbeit *C.O.R.E. – Creating Opportunities of Research & Explorations* ein. Dabei handelte es sich um ein Projekt, das während meines Studiums in der künstlerischen Meisterklasse an der Palucca Hochschule entstand.

Es ging um Fragen wie: Sind wir Menschen nicht alle Individuen mit Stärken und Schwächen und somit unterschiedlich fähig oder unfähig, spezifische Dinge zu tun? Wie nötig ist es eigentlich, Menschen aufgrund ihrer Fähigkeiten beziehungsweise ihrer Un-Fähigkeiten zu kategorisieren und damit zu etikettieren? Aus meiner Sicht ist es wichtig, dass Darsteller:innen mit unterschiedlichen Fähigkeiten auf der Bühne stehen. Es gilt, ihre Möglichkeiten künstlerisch zu erforschen und ihre vielen Talente professionell auszubilden. Außerdem müssen diese lähmenden Grenzen zwischen intellektuell geprägtem zeitgenössischem Tanz und Unterhaltung überwunden werden. Tanzen ist ein Grundbedürfnis. Tanz ist einfach überall. Das muss sich abbilden!

Die Fragen stellten Katharina Christl und Angela Rannow.

Simon Voitoux-Puigrenier

Mut ist entscheidend, um ein glückliches und erfüllendes Leben führen zu können. Wir brauchen Mut, um uns vorwärtszubewegen, zu unseren Träumen. Andernfalls würden wir stagnieren und uns nicht entwickeln. Leben braucht Bewegung.

Es gibt kein Glück ohne Mut, noch Tugend ohne Kampf. Jean-Jacques Rousseau

Ich möchte auch über den Unterschied zwischen Rücksichtslosigkeit und Mut sprechen. Ersteres bedeutet, ohne Rücksicht auf Konsequenzen zu handeln, sich stur vorwärtszubewegen, ohne achtsam und vorsichtig zu sein. Letzteres heißt, Angst zu haben, seine Schwächen zu kennen und sich trotzdem der Gefahr zu stellen. Das ist für mich eine echte Tugend.

Ich habe erfahren, dass Mut nicht in der Abwesenheit von Angst besteht, sondern darin, über sie zu triumphieren.

Simon Voitoux Puigrenier, Bachelor-3-Projekt „(W)hole“, Dresdner Heide, 2025, Foto: Kim Josephine Schölch

Andreas Heise

Taming our Trauma

Die Wiederherstellung der künstlerischen Seele als Modell für eine neue Tanzkultur

Kunst und Wissenschaft

Kunst und Wissenschaft erscheinen oft als gegensätzliche Disziplinen, doch ihre Verbindung kann transformative Prozesse in Gang setzen. Die Zusammenarbeit von Choreograf:innen mit Wissenschaftler:innen ermöglicht neue Wege der kreativen Auseinandersetzung mit psychischen und physischen Belastungen.[27] Genau hier setzt das Projekt *Taming Our Trauma* an, das sich mit den Auswirkungen von Traumata auf Tanzschaffende befasst und dabei innovative Methoden der künstlerischen Reflexion entwickelt. Als Choreograf bewege ich mich an der Schnittstelle von Bewegung, Emotion und Narration, was sowohl physische Präzision als auch psychologische Tiefe verlangt. *Taming Our Trauma* war für mich eine transformative Reise, die nicht nur meine künstlerische Praxis, sondern auch mein Selbstverständnis als Mensch und Künstler nachhaltig geprägt hat. Diese Reise brachte mich in eine intensive Auseinandersetzung sowohl mit der Verbindung von Kunst und Wissenschaft als auch mit mir selbst.

Die künstlerische Seele

Taming Our Trauma basiert auf der Annahme, dass die künstlerische Seele wiederherstellbar ist. Doch was bedeutet das konkret? In einer Welt, die von Leistungsdruck und Erwartungen geprägt ist, gerät die künstlerische Essenz oft in den Hintergrund. Die künstlerische Seele sendet nicht nur kreative Funken aus, sie ist vielmehr das emotionale Zentrum jeder Künstlerin und jedes Künstlers. Ist sie verletzt oder überlastet, kann das zu künstlerischer Blockade, Selbstzweifeln und emotionaler Erschöpfung führen. *Taming Our Trauma* setzt genau hier an: Es schafft einen sicheren Raum für künstlerische Explorationen, in dem Heilung und kreative Neugestaltung im Mittelpunkt stehen.

27 Alle Reflexionen und Gedanken dieses Textes basieren auf persönlichen und künstlerischen Beobachtungen und Erfahrungen, nicht auf therapeutischer Expertise.

S. 90/91 „Kaiserrequiem“, Probe, Regie und Choreografie Andreas Heise, Bühne und Kostüm Sascha Thomsen, Wiener Staatsballett, Solisten und Solistinnen, Chor und Orchester der Volksoper Wien, Wien, 2025, Foto: Ashley Taylor

In meiner künstlerischen Arbeit bildet stets der Mensch den Ausgangspunkt. Es ist für mich von entscheidender Bedeutung, jede Tänzerin und jeden Tänzer genau dort abzuholen, wo sie sich auf ihrer persönlichen Reise befinden. Dabei geht es nicht nur um die Verwirklichung einer künstlerischen Vision, sondern auch darum, einen individuellen Entwicklungsprozess zu initiieren. Ich sehe mich dabei in der Rolle eines künstlerischen und menschlichen Guides. Im Idealfall führt die künstlerische Arbeit also nicht nur zu einer ästhetischen Ausdrucksform, sondern auch zu persönlichem Wachstum. Diese Entwicklung entsteht weniger durch die künstlerische Thematik selbst, sondern vielmehr durch die Art und Weise der Zusammenarbeit. Das übergeordnete Ziel ist dabei stets die vertiefte, bewusste Auseinandersetzung mit sich selbst und dem eigenen Selbstverständnis, die über das Künstlerische hinausgeht.

Ursprung und Struktur des Projekts

Taming Our Trauma ist ein Kooperationsprojekt zwischen Praetorian Non-Profit Art and Health Consulting[28] und Tristan Productions[29]. Die Idee entstand aus einem kollektiven Bedürfnis nach Heilung und Reflexion, das durch die globale COVID-19-Pandemie verstärkt wurde. Sie machte persönliche und gesellschaftliche Verletzbarkeiten sichtbar. Gemeinsam mit Praetorian Non-Profit Art and Health Consulting sowie einem interdisziplinären Team aus klinischen Psycholog:innen, Neurowissenschaftler:innen und Leadership-Coaches wurde ein Raum geschaffen, in dem diese Verletzlichkeit nicht nur anerkannt, sondern auch transformiert werden konnte. Das Team setzte sich aus vier freischaffenden professionellen Tänzer:innen (Aya Sone, Kristin Mente, Pedro Henrique Ferreira und Tomas Rohe), vier Wissenschaftler:innen, zwei Projektleiter:innen, zwei Managerinnen und einem Choreografen zusammen. Diese interdisziplinäre Zusammensetzung ermöglichte es den Teilnehmenden, sowohl auf künstlerischer als auch auf wissenschaftlicher Ebene zu reflektieren. Das vierwöchige Projekt fand 2021 im Tanzstudio Semper Mobilis in Dresden statt. Es gab Workshops zur Traumaverarbeitung, Bewegungsworkshops sowie eine wissenschaftliche Begleitung durch Expert:innen. Der Fokus lag auf der Wiederherstellung der künstlerischen Seele. Dabei ging es um eine deutliche Abkehr von produktorientierten Ansätzen und einer bewussten Hinwendung zu einem ko-kreativen und heilungsorientierten Prozess.

28 Praetorian Non-Profit Art and Health Consulting ist eine gemeinnützige Organisation, die unter anderem Künstler:innen in Krisensituationen unterstützt und sich im umfassenden Sinn für sichere Arbeitsbedingungen im Theaterbereich einsetzt.

29 Tristan Productions ist das Produktionsbüro von Isolde Matkey im Bereich der Freien Künste mit Sitz in Dresden.

Wissenschaftliche Fundierung und künstlerische Umsetzung

Ein wesentliches Anliegen des Projekts bestand darin, die Auswirkungen von Traumata auf den Körper und die künstlerische Ausdrucksfähigkeit zu erforschen. Die psychologische Begleitung erfolgte durch Expert:innen wie Lilla Gerlinger (klinische Psychologie), Terry Hyde (Tanzpsychotherapie) und Seema Prakash (Meditation). Die wissenschaftliche Leitung übernahm Boglárka Simon-Hatala. Das Projekt basierte auf der Idee, dass der Körper als Archiv fungiert, in dem emotionale Erlebnisse gespeichert werden. Durch gezielte choreografische Aufgaben und Improvisationen wurden diese Erinnerungen aufgerufen und künstlerisch verarbeitet. Markante Charaktere aus Werken William Shakespeares dienten als Archetypen, um eine tiefere emotionale Auseinandersetzung in der Bewegungsrecherche zu ermöglichen.

Improvisation

Die improvisatorische Arbeit mit Charaktereigenschaften literarischer Figuren spielte eine entscheidende Rolle im choreografischen Prozess. Die Tänzer:innen wählten jene Eigenschaften, mit denen sie sich am meisten identifizierten, ohne zu wissen, welchen Shakespeare-Charakteren diese zugeordnet waren. Dadurch entstand eine unvoreingenommene und intuitive Annäherung an die Bewegungsfindung.

Folgende Charaktere und ihre Eigenschaften dienten als Grundlage:

Ophelia:	Unschuld und Loyalität – kindliche Naivität, Hilflosigkeit, innere Verletzlichkeit.
Lady Macbeth:	Ambition und Manipulation – Machtstreben, strategisches Denken, emotionale Kälte.
Romeo:	Idealismus und Romantik – Impulsivität, poetische Sensibilität, innere Konflikte.
Mercutio:	Witz und Schutzmechanismen – Humor als Verteidigung, Scharfsinn, Mut.

Diese Zuschreibungen bildeten die Basis für Bewegungsimprovisationen, die schrittweise in choreografische Sequenzen überführt wurden. Im Laufe des Prozesses wurden die intuitiv gewählten Eigenschaften immer mehr zu individuellen Ausdrucksformen. Das führte zur Entwicklung persönlicher und authentischer Bewegungssprachen, aus denen sich schließlich das gesamte künstlerische Projekt formte. Die Bewegungssprachen wurden sowohl in Solos als auch in Duetten, Trios und Quartetten erarbeitet. Dadurch erhielten alle Künstler:innen die Möglichkeit, auch die Ausdrucksweisen der anderen zu ergründen und körperlich nachzuvollziehen. Diese Verschmelzung der Eigenschaften in der Bewegung führte zu einem tieferen Verständnis der emotionalen Zustände aller Beteiligten und ermöglichte ein kollektives Erleben und Erfahren. Neben dieser Methode gab es zwei weitere choreografische Ansätze:

Persönlich geprägte Bewegungskombinationen

Als weitere Grundlage für den choreografischen Prozess diente eine von mir speziell für dieses Projekt entwickelte, bewusst reduzierte Bewegungsfolge. Die Tänzer:innen eigneten sich diese Bewegungssequenz an und entwickelten sie in Improvisationen aus ihrer individuellen Perspektive weiter.

Barocke Tanztechnik

Ein dritter methodischer Ansatz bestand darin, ein komplexes Bewegungsvokabular zu erforschen. In diesem Fall war das der Barocktanz. Die Herausforderung bestand darin, mit dieser streng formalisierten Tanztechnik umzugehen, ihre emotionalen und körperlichen Auswirkungen zu reflektieren und ihre möglichen Begrenzungen zu hinterfragen. Ziel war es, die strikten Strukturen zu durchbrechen und weiterzuentwickeln, um sie in einen ganz persönlichen Ausdruck zu überführen.

Herausforderungen und Überraschungen

Ein dezidiertes Anliegen von *Taming Our Trauma* bestand darin, den Prozess über das Produkt zu stellen. Trotz dieser Herangehensweise entstand ein abendfüllendes Tanzstück von fast einer Stunde Länge. Dies zeigte eindrucksvoll, dass qualitativ hochwertige Kunst entstehen kann, ohne dass körperliche Erschöpfung oder psychischer Druck dominieren. Eine der größten Herausforderungen für die Teilnehmenden bildete die emotionale Tiefe des Prozesses. Da persönliche Traumata thematisiert wurden, war es essenziell, einen geschützten Raum zu schaffen. Das Team entwickelte verschiedene Methoden, um mit emotionaler Belastung umzugehen, darunter Meditation, persönliche Gespräche und Achtsamkeitstechniken. Die Auseinandersetzung mit der Technik des Barocktanzes stellte ebenfalls eine besondere Schwierigkeit dar. Sie lag nicht nur in der anspruchsvollen Tanztechnik selbst, sondern auch in den mentalen und emotionalen Momenten, die diese formstrenge Bewegungsweise auslöste. Interessanterweise zeigten sich Parallelen zur klassischen Tanztechnik. Das galt insbesondere für Erfahrungen, die die Teilnehmenden während ihrer Ausbildung gemacht hatten. Diese Erkenntnis führte zu einer tiefgehenden Reflexion: Die Mehrzahl der individuellen Traumata der Tänzer:innen war eng mit ihrer Ausbildung verbunden. Trotz unterschiedlicher Ausbildungshintergründe zeigte sich, dass viele Probleme insbesondere im klassischen Tanz und den damit verbundenen Ausbildungsmethoden wurzelten. In Gruppen- und Einzelgesprächen wurden zahlreiche Geschichten aus der Ausbildungszeit geteilt. Besonders häufig thematisierten die Tänzer:innen Erfahrungen mit Führungspersönlichkeiten, oft als Angelpunkt traumatischer Erlebnisse. Eine besondere persönliche Herausforderung für mich war es, die Emotionen der Teilnehmenden aufzufangen und zu lenken. Dabei ging es vor allem darum, Eskalationen zu vermeiden, was mehrheitlich gelang. Dabei wurde ich von Boglárka Simon-Hatala begleitet, die mich regelmäßig coachte und beobachtete. Ihr professionelles Feedback und ihre Unterstützung ermöglichten es mir, mich während des Projekts sicher zu fühlen und die Gruppe psychologisch verantwortungsvoll zu leiten.

Das Heilungspotenzial des Tanzes

Tanz besitzt eine einzigartige Fähigkeit, das Unsagbare auszudrücken. Viele Tänzer:innen erlebten während des Projekts eine Form kathartischer Befreiung. Intensive körperliche Bewegung ermöglichte eine nonverbale Aufarbeitung von Erfahrungen, die oft schwer in Worte zu fassen sind. Die Integration psychologischer Erkenntnisse in die choreografische Praxis führte zu einer tieferen Auseinandersetzung mit individuellen und kollektiven Traumata.

Heilungsbedürftige Aspekte

In unserer modernen Gesellschaft gibt es zahlreiche Formen von Verletzungen – sei es aufgrund persönlicher Krisen, gesellschaftlicher Konflikte oder historischer Traumata. Viele Menschen tragen emotionale oder psychische Lasten, die sich nicht immer verbal formulieren lassen. Tanz bietet eine Möglichkeit, diese Belastungen zu verarbeiten, indem er auf einer körperlichen und energetischen Ebene arbeitet. Durch Bewegung können erstarrte Emotionen freigesetzt und in transformierende Ausdrucksformen überführt werden.

Effektives Heilen im Tanz

Ein bedeutender Aspekt des heilenden Tanzes ist der Flow-Zustand. Es ist ein Moment völliger Präsenz, in dem die Tänzer:innen sich selbst und ihre Umgebung intensiv spüren. In diesem Zustand werden belastende Erinnerungen nicht verdrängt, sondern in Bewegung integriert und neu verortet. Atemtechniken, rhythmische Wiederholungen und bewusste Körperarbeit verstärken diesen Prozess. Insbesondere somatische Praktiken wie Authentic Movement oder Tanztherapie ermöglichen eine tiefgehende Innenschau und unterstützen die Selbstregulation.

Gewinn für die Gemeinschaft

Der Heilungsprozess im Tanz beschränkt sich nicht nur auf die Individuen, sondern entfaltet auch eine kollektive Wirkung. Geteilte Bewegungserfahrungen stärken die zwischenmenschliche Verbundenheit und fördern ein tieferes Verständnis für die emotionalen Zustände anderer. In gemeinschaftlichen Tanzprojekten entsteht ein geschützter Raum, in dem sich Menschen frei von gesellschaftlichen Rollen und sprachlichen Barrieren auf eine neue Weise begegnen können. Der Austausch durch Bewegung schafft Vertrauen, Empathie und eine neue Form der Kommunikation. Tanz ist somit nicht nur eine künstlerische Ausdrucksform, sondern auch ein Werkzeug für tiefgehende persönliche und kollektive Transformation. Durch die bewusste Verbindung von Bewegung, Emotion und Forschung wird das Heilungspotenzial des Tanzes nicht nur genutzt, sondern auch weiterentwickelt und für kommende Generationen zugänglich gemacht.

Ausblick: Eine neue Tanzkultur

Die Erfahrungen aus *Taming Our Trauma* legen den Grundstein für eine neue Arbeitsweise im Tanz. Die wichtigsten Erkenntnisse können in verschiedenen Kontexten weitergeführt werden:

- Trauma-informierte Trainingsmethoden: Der bewusste Umgang mit körperlichen und emotionalen Belastungen.
- Interdisziplinäre Kooperationen: Die Verbindung von Tanz, Psychologie und Neurowissenschaften.
- Künstlerische Freiräume: Eine Abkehr von toxischen Leistungsstrukturen und eine Hinwendung zu nachhaltigen, menschenzentrierten Arbeitsweisen.
- Digitale Plattformen: Wissenstransfer über Online-Kurse, Videos und interaktive Formate.
- Community-Projekte: Erweiterung des Konzepts auf marginalisierte Gruppen und andere Kunstsparten.

Fazit

Taming Our Trauma hat gezeigt, dass die Wiederherstellung der künstlerischen Seele ein entscheidender Bestandteil nachhaltiger Tanzpraxis ist. Die Verbindung von künstlerischer Sensibilität mit wissenschaftlicher Reflexion ermöglicht nicht nur Heilung, sondern auch eine Neudefinition der Rolle des Tanzes in unserer Gesellschaft. Das Projekt war nicht nur eine künstlerische Herausforderung, sondern eine tiefgehende Reise der Selbstentdeckung und des kollektiven Wachstums.

Florian Enzo Gerhardt

Ich denke, dass Mut mit der Zeit wächst. Jedes Mal, wenn wir etwas bewältigen, vor dem wir vorher Angst hatten, steigt unser Mut, und wir bekommen mehr Selbstvertrauen. Ich habe oft Angst vor neuen Herausforderungen, zum Beispiel vor Auditions, oder wenn ein neuer Choreograf mit uns arbeitet. Aber Mut und Neugierde sind oft stärker als Angst.

Schon als kleine Kinder lernen wir, tapfer zu sein und Neues auszuprobieren. Nur wenn wir mutig sind, können wir Neues erlernen und schnell erkennen, dass es eigentlich gar nicht so schwer ist. In der Kindheit wird es sogar häufig belohnt, mutig zu sein. Eltern sind stolz, wenn ihre Kinder mutig sind. Mit Mut können wir Neues entdecken und über unsere Grenzen hinausgehen. Ich denke, dass Mut uns im Leben voranbringt.

Florian Gerhardt, Bachelor-3-Projekt „(W)hole", Dresdner Heide, 2025, Foto: Kim Josephine Schölch

Der erste Streik

Ein Gespräch mit Katharina Christl

Der erste große Streik freiberuflicher Tänzer:innen fand auf der Expo 2000 in Hannover statt. Worin bestand die Besonderheit der Expo 2000?

Die Expo 2000 war die erste Weltausstellung in Deutschland.[30] Sie stand unter dem Motto „Mensch, Natur und Technik – Eine neue Welt entsteht". Viele Länder waren mit ihren eigenen Pavillons vertreten. Außerdem gab es verschiedene Pavillons, die allgemeine gesellschaftliche und globale Fragen thematisierten. Der Pavillon, in dem wir auftraten, befasste sich mit dem Thema „Die Zukunft der Arbeit".

Wer waren die Organisatoren und Verantwortlichen des Pavillons „Die Zukunft der Arbeit"?

Das Raumkonzept des Pavillons entwarf der französische Architekt Jean Nouvel. Er schuf einen wunderbaren Ort, eine Arena, in der das Publikum in der Mitte platziert war. Die Aufführung fand also um das Publikum herum statt. Es ist wichtig zu betonen, dass das Publikum von der Spitze dieser Konstruktion kam. Es legte also einen beträchtlichen Weg zurück, um nach unten zu gelangen.

Wenn ich mich richtig erinnere, hatte Jean Nouvel diesen Raum ursprünglich für ein Theaterprojekt mit Schauspieler:innen entworfen. Im Laufe der Entwicklung des Projekts verschob sich das Konzept eher in Richtung Tanz. Frédéric Flamand, Choreograf und künstlerischer Direktor von Charleroi Danses Plan K in Belgien, übernahm die Aufgabe, ein Tanzstück für diesen Raum zu entwickeln.[31] Das war schon eine Herausforderung, denn er war ja nicht für Tänzer:innen konzipiert worden. Gerüststege zum Beispiel waren alles andere als ideal für die Anforderung, sich tanzend in Höchstgeschwindigkeit zu bewegen.

Die Organisation und Umsetzung des Projekts oblagen einer niederländischen Agentur, die sich um die Planung, die Verträge und die allgemeinen Bedingungen für die gesamte Kreation kümmern sollte. Die Produktion dieses Projekts lag allein in ihren Händen: fünf

30 Es handelte sich um die erste beim Bureau International des Expositions registrierte Weltausstellung in Deutschland.

31 Charleroi Danses (Le Centre Chorégraphique de la Communauté Française Wallonie-Bruxelles) ist das choreografische Zentrum der französischsprachigen Bevölkerung in Belgien.

Monate Performance, sechs Aufführungen täglich, sieben Tage pro Woche, in diesem Pavillon auf der Expo 2000 in Hannover.

Wer war noch an diesem Projekt beteiligt?

Frédéric Flamand arbeitet immer im Team. Das gilt für Dramaturgie, Musik, Bühnenbild und die Choreografie. Die Tänzer:innen seiner eigenen Company und die Tänzer:innen, die speziell für Hannover engagiert wurden, waren an der choreografischen Entwicklung beteiligt. Letztere waren freischaffende Tänzer:innen aus ganz Europa, nicht nur aus Deutschland.

Worin bestand deine Aufgabe in diesem Projekt?

Ich wurde als Tänzerin engagiert. Es war für mich sehr aufregend und eröffnete mir die Möglichkeit, eine völlig andere Arbeitsweise zu entdecken. Ich war erst 21 Jahre alt und kam aus Dresden. Es war eine großartige Erfahrung, Künstler:innen und freiberufliche Tänzer:innen aus London, Frankreich und anderen europäischen Ländern zu treffen.

Wie gestaltete sich der Arbeitsprozess?

Von Anfang an war uns bewusst, dass es ein herausforderndes Projekt war. Mit 21 Jahren war ich natürlich noch nicht sehr erfahren und konnte mir kaum vorstellen, wie es möglich sein sollte, fünf Monate lang sechs Aufführungen pro Tag durchzuhalten. Würde es funktionieren? Oder doch nicht? Wie auch immer, alles kam in Gang.

Nach einer Weile bemerkten wir, dass sich die Verträge und Gehälter der Darsteller:innen unterschieden, obwohl es in der künstlerischen Arbeit im Rahmen des Projekts keine unterschiedlich hohe Verantwortung, keine Hierarchien gab. Nach und nach häuften sich die Probleme. Nach weniger als drei Wochen waren fünfzig Prozent der Tänzer:innen krankgeschrieben. Sie waren körperlich am Ende, es gab Arbeitsunfälle, Burn-out, einen gebrochenen Arm, blockierte Rücken. Sechs Stunden Aufführungen pro Tag an mehreren Tagen der Woche zu bewältigen, ist extrem anstrengend. Die Konzentration lässt nach, man stößt an seine körperlichen Grenzen.

Natürlich gab es Pausen innerhalb der Show. Wir waren nicht nonstop auf der Bühne. Aber es funktionierte nicht, einen solchen Arbeitsaufwand mit nur zwei wechselnden Teams zu bewältigen. Körperliche Erholung und die Fähigkeit, konzentriert zu bleiben, um einen Unfall zu vermeiden, erfordern eine echte Ruhezeit für Körper und Geist.

Verschärfend wirkte sich aus, dass sich unser Backstage-Bereich unter dem Bühnenbild befand. Es war eigentlich ein Gerüst. Die Zuschauer:innen betraten es von oben, um dann nach und nach in die Mitte der Arena hinabzusteigen. Die Leute kamen etwa zwanzig Meter über uns an. Sie liefen über Metallgitter. Da kam es schon vor, dass sich ein Kind wegen der Höhe unwohl fühlte und sich übergeben musste. Das Erbrochene fiel durch die Gitter hindurch. Auf den Gittern löste sich auch der Schmutz von den Schuhen des Publikums und fiel auf uns herab. Wenn jemand ein Sandwich aß, einen Bissen davon verlor oder die Soße auslief, landete das unten bei uns. Der Backstage-Bereich, wo sich die Tänzer:innen ausruhen sollten, bis sie in der nächsten Szene wieder auftraten, wurde zum Auffangbecken für alles, was sich zwanzig Meter weiter oben löste! Diese Situation war ein weiterer Aspekt, der zu den grundsätzlich inakzeptablen Arbeitsbedingungen der Produktion hinzukam. Wir beschlossen, uns zu organisieren und zu sagen: „Nein, die Dinge müssen sich ändern!"

Ich nehme an, dass es von da an Versuche gab, zu schlichten und zu diskutieren?

Natürlich haben wir die verschiedenen Probleme thematisiert, insbesondere die unfairen Verträge, die ungerechtfertigten Gehaltsunterschiede, die schwierige Situation im Backstage-Bereich und die insgesamt gefährlichen Arbeitsbedingungen.

Wir sagten, dass wir die krankgeschriebenen oder verletzten Kolleg:innen nicht ersetzen könnten. Die Darsteller:innen, die noch in der Lage waren, auf die Bühne zu gehen, konnten nicht mehr alle Positionen besetzen. Obwohl die choreografische Logik des Stückes Pausen für die Tänzer:innen beinhaltete, machte die zu geringe Anzahl an Personen, die für ein so langes Projekt eingestellt wurden, die Durchführung unmöglich.

Es gab zum Beispiel eine Szene, die Projektionen über Arbeitsbedingungen in einigen Entwicklungsländern enthielt. In dieser Szene war vorgesehen, dass zwei Gruppen von jeweils acht bis zehn Performer:innen an einem bestimmten Ort aufeinandertreffen sollten. Nach einiger Zeit waren wir nur noch zwei oder drei Performer:innen, um diese Szene zu gestalten. Die künstlerische Qualität des Stückes wurde durch diese Situation deutlich beeinträchtigt.

Wir signalisierten daher, dass wir die Aufführung abbrechen müssten, weil wir die Kreation nicht mehr in ihrer ursprünglichen Form realisieren konnten. Gleichzeitig forderten wir bessere Arbeitsbedingungen und Respekt für alle künstlerischen Mitarbeiter:innen, um dem Publikum die Aufführungen dem künstlerischen Anspruch des Projekts entsprechend präsentieren zu können.

Haben die Schlichtungsversuche etwas gebracht?

Nein, für uns hat sich nichts geändert.

Wir kommen also zu dem Punkt, an dem ihr euch entschieden habt zu streiken. Gab es dafür einen Auslöser?

In erster Linie war es eine Anhäufung mehrerer Faktoren und die Tatsache, dass wir die Unstimmigkeiten zwischen den Darsteller:innen und der Organisation auf diese Weise nicht lösen konnten. Wir hatten nicht die Organisationsleitung der Expo 2000 vor uns, sondern ein niederländisches Privatunternehmen, dem die Funktion des Managements des Pavillons der „Zukunft der Arbeit" übertragen worden war.

Als uns klar wurde, dass wir allein keine Veränderungen erreichen würden, wandten wir uns an die Gewerkschaftsvertreter:innen von ver.di in Hannover. Wir wurden gehört und fortwährend von der Gewerkschaft unterstützt. Nachdem die Tänzer:innen der Gewerkschaft beigetreten waren, begann die Phase der Verhandlungen. Wir waren zu dritt, um die Tänzer:innen zu vertreten. Es gab viele Treffen am späten Abend, außerhalb der Arbeitszeiten. Die Vertreter:innen beider Seiten, jeweils unterstützt durch Anwälte, verhandelten in Konferenzräumen von Hotels. Es fanden viele, lange Gespräche mit dem Ziel statt, normale Arbeitsbedingungen auszuhandeln und eine Angleichung der Verträge zu erreichen. Aber trotz der Gespräche, der Unterstützung der Gewerkschaft ver.di gegenüber der niederländischen Produktionsfirma, der Schlichtungen und der Anwälte kam es zu keiner Einigung.

Seid ihr während dieser Zeit weiterhin aufgetreten?

Ja, natürlich. Wir drei Tänzerinnen fuhren abends nach den Vorstellungen direkt zu den Sitzungen. Am nächsten Tag ging es früh zeitig weiter. Es war eine belastende Zeit, und natürlich waren wir den Organisatoren des Pavillons nicht willkommen.

Wann wurde der Streik ausgerufen?

Nach all den ergebnislosen Verhandlungen und obwohl die Möglichkeit eines Streiks erwähnt worden war, ging es nicht voran. Uns wurde klar, dass wir härter vorgehen mussten, damit die andere Seite die Situation endlich ernst nähme. Also organisierten wir einen Warnstreik. Wir fertigten Plakate an, verteilten sie heimlich im Backstage-Bereich und streikten dann auf der Bühne.

Wie ist der Streik verlaufen?

Man darf nicht vergessen, dass das Thema der Aufführung „Die Zukunft der Arbeit" war. Darin zeigten 42 Darsteller:innen den Menschen in verschiedenen Arbeitswelten, stellten seine Fragen, Hoffnungen und Ängste zur Zukunft der Arbeit tänzerisch und mit Hilfe von Multimedia-Effekten dar. Es gab Themen wie „Digitalisierung", „Vernetztes Arbeiten",

„Globalisierung“, „Flexibilität/Mobilität“, „Umwelt/Ökologie“ und „Gesundheit/Arbeitsschutz“. Außerhalb des Bühnenraums präsentierten sich die am Projekt beteiligten Partner in einer Ausstellung. Das waren vor allem Verbände und Institutionen, die sich für die Rechte arbeitender Menschen einsetzen![32]

Wir beschlossen also, auf der Bühne zu demonstrieren, bewegungslos, umgeben von Plakaten, die unsere Forderungen illustrierten. Da wusste niemand mehr, wo die Fiktion aufhörte und die Realität begann. Alles war miteinander verbunden, unsere Probleme waren Teil des Themas des Pavillons und letztlich auch des Stückes selbst. Nach und nach begannen die Zuschauer:innen zu verstehen, dass es nicht um die Aufführung, sondern um einen Streik ging. Das Ganze war ein wenig seltsam. Es gab viel Verwirrung, und sehr schnell ging alles Schlag auf Schlag. Leider wurden sogar Journalist:innen von den Sicherheitsdiensten daran gehindert, den Pavillon zu betreten.

Ich nehme an, dass die Weigerung, die Journalist:innen hereinzulassen, ein strategischer Fehler der Arbeitgeberseite war und Reaktionen der Presse ausgelöst hat?

Ja, die Presse hat natürlich reagiert. Es wurden sogar mehrere Artikel veröffentlicht.

Freiberufliche Künstler:innen, insbesondere Tänzer:innen, hatten sich zuvor kaum gewerkschaftlich organisiert. Dies war der erste große Streik der europäischen freiberuflichen Tänzer: innen. Wir vertraten etwa achtzig Personen auf der Bühne.

Wie ging es nach dem Streik weiter?

Dann ging es erst richtig los. Es gab noch viele weitere Treffen und viele Änderungen in der Konstellation dieser Treffen. Aber es wurde eine Einigung erzielt.

Die Mehrheit der Verträge wurde vereinheitlicht, es wurde ein Gleichgewicht gefunden. Man stellte zusätzliche Tänzer:innen ein. Das ermöglichte die Rotation von drei Schichten, sodass niemand mehr als drei Vorstellungen am Tag absolvierte. Zuvor waren es sechs. Es wurde ein Shift-System auf einer Drei-Tage-Basis eingeführt. Die Tänzer:innen hatten endlich Zeit, sich körperlich zu regenerieren. Dadurch konnten wir die Aufführungen über einen Zeitraum von fünf Monaten auf dieser Weltausstellung Expo 2000 in Hannover gewährleisten.

Was hast du persönlich aus dieser ganzen Erfahrung gelernt, damals und in der Rückschau?

32 Hauptverband der Berufsgenossenschaften, Sozialverband Deutschland, Bundesanstalt für Arbeit, Deutscher Gewerkschaftsbund, Deutsche Angestelltengewerkschaft und Zentralverband des Deutschen Handwerks

Ich würde sagen, dass ich schon vor diesen Ereignissen ein ‚kleiner Dickschädel' war. Respektvolle und wertschätzende Arbeitsbedingungen waren mir schon immer wichtig.

Wenn mir etwas unfair erscheint oder jemand nicht respektiert wird, reagiere ich sofort. So etwas geht gegen meine Natur. Ich kann nicht einfach nichts tun und nichts sagen. Ich war erst 21 Jahre alt, aber während dieser Zeit habe ich viel gelernt: wie viele Dinge funktionieren, welche Auswirkungen einzelne Entscheidungen haben, was es bedeutet, Produktionen an Privatunternehmen zu vergeben. Ich habe viel zum Thema Arbeitsrecht erfahren.

Du hast die Realität der Arbeitswelt hinter der Kreativität, hinter dem Schaffen entdeckt.

Ja. Und ich habe auch gelernt, meinen Weg zu finden, wie ich mich als Mensch, emotional, in einer Situation mit hohem Druck und angesichts einer scheinbar unantastbaren Macht schützen kann.

Ich habe gelernt, dass wir Tänzer:innen, wenn wir uns mutig dazu entscheiden, zusammen etwas bewegen können. Denn das ist nur möglich, wenn alle zusammenhalten.

Diese Erfahrung hat mich weiterhin begleitet. Beim Ballet National de Marseille war ich viele Jahre Personalvertreterin. Der ganze Themenbereich der Arbeitsbedingungen wurde für mich ein wichtiges Fundament, das mich zu dem gemacht hat, was ich bin. Während meines ganzen Lebens als Künstlerin, als Tänzerin und Choreografin war und ist mir die prekäre Situation von Tänzer:innen immer präsent geblieben. Meistens sind sie wenig organisiert und sich ihrer Rechte nicht bewusst. Jedoch gab es in den letzten Jahren viel Bewegung dank mutiger Menschen.

Trotz allem befinden sich sowohl freischaffende Tänzer:innen als auch Tänzer:innen mit befristeten Verträgen am Theater noch oft in einer vertraglichen Unsicherheit. Manchmal kreiert das eine bittere Atmosphäre. Das ist nicht gut.

Gilt nach wie vor die Auffassung: „Du musst die Bedingungen akzeptieren, wenn du auf die Bühne gehen willst und gesehen werden möchtest"?

In den letzten Jahren gab es sehr viele Situationen, in denen freiberufliche Tänzer:innen absurde Bedingungen akzeptieren mussten oder sich in nicht akzeptablen Arbeitsbedingungen wiederfanden. Es hat sich viel verändert, aber leider findet so etwas in der Tat immer noch statt. Sehr oft fehlen einfach die Mittel, um akzeptable Honorare abzusichern. Es ist nicht wertschätzend, wenn man bedenkt, wie viele Jahre harter Arbeit Tänzer:innen in die eigene Ausbildung investieren, und dass das im Berufsleben scheinbar nicht als wertvolles Gut betrachtet wird. Hinzu kommt, dass Tänzer:innen eine sehr kurze Karriere haben.

Viele Leitungen von Compagnies haben die Situation schon verbessert. Das ist großartig, muss aber fortgesetzt werden, denn wir sind noch lange nicht am Ziel. Es gibt noch viel zu tun, damit Tänzer:innen respektiert werden und ihnen angemessene Arbeitsbedingungen und Honorare geboten werden, vor allem für Freelancer. Es muss genügend Geld zur Verfügung stehen, damit freischaffende Tänzer:innen von ihrer Arbeit zu akzeptablen und normalen Bedingungen leben können.

Was möchtest du noch hinzufügen?

Mut ist meiner Meinung nach weiterhin erforderlich. Mut ist nicht das Werk eines Einzelnen.

Um im Alter von 21 Jahren bei diesen Treffen im Besprechungsraum eines Hotels teilzunehmen, Anwälten, Führungskräften und Gewerkschafter:innen gegenüberzusitzen, hat es Mut gebraucht. Aber diesen Mut hatte ich dank der anderen Tänzer:innen, dank der Unterstützung durch Kolleg:innen. Ich glaube, dass ich allein nicht emotional mit diesem enormen, tagtäglichen Druck hätte umgehen können.

Wir waren nicht nur drei Personen. Wir hatten die Kraft und das Vertrauen von achtzig Menschen. Nur gemeinsam und mit MUT können wir verändern, was uns umgibt.

Die Fragen stellte Frédéric Coupet.

S. 108/109 Niko Adachi und Anna Krasnikova, Palucca Tanzwoche Hiddensee, Projekt des Bachelorstudiengangs Tanz, Leitung Prof. Katharina Christl, Vitte, 2024, Foto: Bernd Hentschel

Stimmen Studierender:

Man braucht Mut, um Risiken einzugehen.

Es erfordert Mut, gegen die Ästhetik des Balletts anzugehen, zum Beispiel im Zeitgenössischen Tanz.

Tänzer:innen müssen sich ständig anpassen.

Was als mutig gilt, betrifft Männer und Frauen auf unterschiedliche Weise.

Mut wird mit dem moralisch Guten, mit Perfektion verbunden, aber im Tanz steht Mut im Widerspruch zur Perfektion.

Es ist ein Unterschied, ob man sich dafür entscheidet, mutig zu sein, oder dazu gezwungen wird.

Mut und Tapferkeit gehen Hand in Hand.

S. 112/113 „Soon we'll make lots of love", Choreografie Dafi Altabeb, Palucca Tanz Studio, PHfT Dresden, 2024, Foto: Ida Zenna

S. 114/115 Palucca Tanzwoche Hiddensee, Projekt des Bachelorstudiengangs Tanz, Leitung Prof. Katharina Christl, Vitte, 2024, Foto: Bernd Hentschel

Liam Meier

Für mich besteht Mut nicht in der Abwesenheit von Angst, sondern darin, Angst zu überwinden, damit sie nicht das eigene Handeln behindert.

Für mich bedeutet Mut nicht, etwas zu opfern, denn Leiden ist nötig, um tapfer zu sein.

Für mich hat Mut weniger damit zu tun, anderen etwas zu beweisen, sondern mehr damit, etwas für sich selbst zu tun, für sein Inneres.

Für mich bedeutet Mut, dass unsere Standpunkte, Ideen, Gefühle, unser Herangehen an die Welt immer wertvoll sein werden.

Es ist so wichtig, mutig zu sein, besonders heute. Wenn wir mutig sind, gestalten wir die Welt, die Gesellschaft, in der wir leben. Je weiter wir die Grenzen unseres Muts hinausschieben, desto leichter machen wir es den folgenden Generationen, zu wagen, sie selbst zu sein.

Es ist beängstigend, mutig zu sein, denn es ist keine leichte Aufgabe, sich für seine eigenen Interessen und Überzeugungen einzusetzen. Es ungeachtet dessen zu tun, was andere denken könnten, macht es sogar noch schwieriger.

Liam Meier, Bachelor-3-Projekt „(W)hole", Dresdner Heide, 2025, Foto: Kim Josephine Schölch

Es ist beängstigend, weil wir verletzlich sind, weil wir authentisch sind, und die Gesellschaft diese Eigenschaften nicht fördert.

Aber Angst ist in Ordnung, Angst ist gut.

Denn wenn du tapfer bist, wenn du dich traust, verbesserst du die Welt. Du gibst dir selbst und allen Menschen nach dir ein klein wenig mehr Raum zum Atmen, mehr Raum, um sich zu entwickeln.

Es ist sinnlos, ein unerfülltes Leben zu führen, nur weil man uns gesagt hat, wir hätten das so zu tun. Aber viele Menschen existieren nur in den Augen der anderen und nicht für sich selbst, ihren wirklichen Überzeugungen, ihren Werten und ihren Träumen folgend.

Wir konzentrieren uns so sehr darauf, uns anzupassen und dazuzugehören, wir scheinen zu vergessen, dass anders zu sein schön und notwendig ist, um Vielseitigkeit zu erzeugen. Denn ohne Vielseitigkeit entwickeln und verändern wir uns nicht, bleiben dieselben und hinterfragen nichts, weder uns selbst noch die Welt, die uns umgibt.

Mut ist nicht nur notwendig, er ist unerlässlich. Mut schafft große Freude.

„Soon we'll make lots of love", Choreografie Dafi Altabeb, Palucca Tanz Studio, PHfT Dresden, 2024, Foto: Ida Zenna

Sie haben ihr Geheimnis

Ein fiktives Gespräch mit Palucca

War es Ihre Idee, Tänzerin zu werden? Hatten Sie mit Schwierigkeiten zu kämpfen?

Tanzen wollte ich schon immer, nur wusste ich nicht, wie. Als Kind, in Amerika, wollte ich Rollschuhtänzerin werden. Ich übte auch in meiner schulfreien Zeit eifrig in den Rollschuhbahnen, kam damit aber nur bis zum Walzer. Nach meiner Rückkehr nach Deutschland fand ich Seiltanzen sehr viel interessanter, vor allem gefährlicher. Da ich mir immer Selbstbeweise meines Mutes erbringen musste, wurde es mein Berufswunsch. Etwas später ließ ich Rollschuh und Seil weg und hatte nur noch den großen Wunsch, Tänzerin zu werden. Wie wohl fast alle, die ein solches Ziel verfolgen, musste ich zu Hause große Schwierigkeiten überwinden. Aber ich war mir selbst das größte Hindernis. Einwärtsgehen, Komischsein und Hochspringen, das war für mich damals Tanz. Alles andere empfand ich als kitschig und sentimental.

Der Wille zur Bewegung regte sich seit meiner frühesten Kindheit in mir. Als er schließlich in tänzerische Bahnen gelenkt wurde, quälte mich bald der Missklang zwischen dem, was mir als Ideal von Tanz vorschwebte, und dem, was mir als Tanz gelehrt wurde.

Ich hatte als Kind in Dresden an unserer Staatsoper ab und zu Ballettunterricht. Später ging ich nach München und studierte dort weiter am Nationaltheater. Ich kam jedoch mit dem Klassischen Tanz nicht zurecht. Ich wollte immer etwas anderes, wusste aber nicht, was. Ich war sehr unglücklich, bis mir mein Ballettmeister sagte, dass es nicht viel Sinn hätte, weiter zu studieren. Ich sah es selbst ein. Aber ich musste doch tanzen, es trieb mich dazu.

War der Auftritt Mary Wigmans am 7. November 1919 im Großen Saal der Kaufmannschaft in Dresden ein Schlüsselerlebnis für Sie?

Es war etwas so unerhört Neues, etwas so Elementares, dass mir sofort klar wurde: Entweder lerne ich bei ihr tanzen, oder ich lerne es nie! Hier war der neue Tanz, der meinem Ideal entsprach – hier war die Frau und Führungspersönlichkeit, die ich brauchte.

Haben die Künstler:innen der Brücke und des Bauhauses Sie bestärkt?

Ich verbrachte viel Zeit mit Kandinsky und mit Klee. Sie waren strenge Kritiker, haben mir aber sehr geholfen. Ich war oft im Bauhaus. Das war für mich eine sehr schöne Zeit. Zudem gab es viele Künstler:innen in Dresden, zum Beispiel Kokoschka. Eigentlich habe ich mehr von Persönlichkeiten der bildendenden Kunst, Architektur und Musik als von Tänzer:innen gelernt. Ich interessiere mich auch jetzt noch sehr für bildende Kunst. Von Tänzer:innen bin ich nicht so angeregt worden. Ich wollte nicht einseitig bleiben, wollte meinen eigenen Weg gehen und mich auch geistig weiterentwickeln. Da habe ich von Künstler:innen sehr profitiert. Ich zeigte meine Tänze und gab auch einen Tanzabend, als das Bauhaus in Dessau eröffnet wurde. Gelernt habe ich dadurch, dass mich die Bauhaus-Künstler schonungslos kritisiert haben. Ich war jung und überschäumend, und Kandinsky hat mich immer wieder etwas zurechtgerückt. Er wies mich darauf hin, wie das nun eigentlich mit dem Kreis oder mit dem Dreieck sei. Einmal musste ich in seinem Atelier tanzen, keine erarbeiteten Tänze aus meinem Repertoire, sondern Übungen mit Kreisen und Dreiecken. Ich bin kein intellektueller Mensch, also musste er mich immer ein wenig zwingen, etwas zu sagen. „Warum machst Du denn das?“, fragte er, und ich hatte eigentlich immer etwas Angst vor seiner Kritik.

Worin bestanden für Sie die größten Herausforderungen zu Beginn Ihrer Tanzkarriere?

Meine Anfangszeit war schön, auch wenn ich das erste Jahr täglich dagegen arbeitete, lieblich zu wirken. In der ersten Zeit und in meiner damaligen tänzerischen Unerfahrenheit war das mein stärkster Kampf. Mein Motto lautete: „Ich will nicht hübsch und lieblich tanzen!“

Ihre Programme für die Bühne umfassten Tänze und Improvisationen. Mit diesen Solo-Improvisationen betraten Sie Neuland. Wie kam es dazu?

Ich bin oft gebeten worden, öffentlich zu improvisieren. Ich habe es immer abgelehnt. Dann wollte ich den Versuch wagen, zeigen, was bisher nur wenige Freund:innen meines Tanzes bei Gelegenheit sahen. Ich improvisierte um der Sache willen, der mein Leben gehört, um des Tanzes willen, der viel mehr zu geben hat, als es viele wissen.

Als man nämlich behauptete, der künstlerische Tanz entbehre der ausreichenden technischen Grundlage, wollte ich beweisen, dass das nicht der Fall ist. Die technischen Improvisationen waren nichts weiter als Ausschnitte aus meinem Training.

Worin besteht für Sie der Unterschied zwischen Choreografie und Improvisation?

Ich denke immer nur an das Tanzen, sowohl wenn ich einen Tanz erfinde, als auch wenn ich einen Tanz zum soundsovielten Male auf der Bühne zeige. Oft bin ich überrascht über die Deutungen, die man meinen Tänzen gibt. Ich selbst gebe ihnen keine, sie sind für mich nichts als Tanz. Das Übrige verdanke ich nicht mir, sondern einer Gabe, die ich nicht weiter erklären kann. Dennoch ist nicht jede anfängliche Bewegung richtig. Ich kontrolliere und korrigiere, bis sie richtig ist. Warum, sagt mir das Gefühl, eine innere Gewissheit. Ob ein Tanz gut ist oder nicht, kann ich weniger sagen, als ob er stimmig ist. Dafür entwickelt sich im Laufe der Zeit eine große Sensibilität. Selbstverständlich steht hinter jedem Tanz ein Erlebnis, aber kein direktes. Es muss erst vollkommen verarbeitet sein, also ein Stück von mir, ehe es wirksam werden kann. Ich spüre nur noch die Spannungen, wenn ich arbeite, keine Inhalte. Das ist vielleicht nur beim Tanz und bei der Musik der Fall. Diese Spannungen können beim Erfinden noch bis hin zu Schmerzen fühlbar sein, auf der Bühne sind sie es für mich aber nicht mehr. Vielleicht wieder für die Zuschauer:innen? Ein wesentlicher Teil meiner Arbeit besteht darin, nichts stehen zu lassen, was nicht reine Bewegung wäre.

Im Tanz sind die Konzeption, die Durchführung und die Durcharbeitung das Entscheidende. Ich wiederhole, probiere, korrigiere, suche nach der letztmöglichen Gestaltung. Auch wenn ich einen Tanz nicht nach und nach zusammensetze, sondern von Beginn an als Ganzes in mir empfinde, so ist doch die Arbeit daran ein allmähliches Geschehen und Vollenden.

Beim Improvisieren hingegen überlasse ich mich meiner inneren Stimme. Ich habe gar nicht den Ehrgeiz, etwas Abgeschlossenes, Wiederholbares zu schaffen. Im Gegenteil, ich will meiner tänzerischen Fantasie freien Lauf lassen, alle Möglichkeiten des Tanzes erleben, ausleben, austanzen. Bis an die Grenze vorstoßen und mich des unendlichen Umfangs und der unendlichen Tiefe vergewissern, die im Tanz beschlossen liegt.

Ich könnte stundenlang improvisieren, so wohl fühle ich mich in diesem Bereich meiner Arbeit. Ich lege nichts fest. Alles geht vorüber. Jede Improvisation ist einmalig. Ich kann keine Bewegung, keinen Rhythmus, keinen Spannungszusammenhang genauso wiederholen, auch wenn die Musik wiederholt werden würde. Alles fließt, und die Vergänglichkeit ist vielleicht das Schönste daran. Erregend und belebend ist sie, die restlose Konzentration auf den Augenblick. Einer verschlingt den anderen, und der kommende ist beinahe ebenso gegenwärtig wie der gerade vergangene. Alles, was bei mir tänzerisch zur Verwirklichung drängt, geht in die Improvisation ein.

S. 124/125 Neuer Künstlerischer Tanz mit Palucca, Palucca Schule Dresden, 1986. Foto: Günter Bersch

Was motiviert Sie, zu tanzen und zu choreografieren?

Es gibt eine innere Notwendigkeit zu tanzen, aber woher sie kommt, wissen wir nicht. Ist sie vorhanden, so bleibt uns nichts anderes übrig, als ihr zu folgen.

Ich tanze, weil ich Freude daran habe. Leichtere Tänze sind deshalb keine leichteren Aufgaben. Es gibt Tänze, die man in einer Spielzeit austanzt. Sie haben dann kein Geheimnis mehr. Und es gibt andere, die erst im Laufe der Zeit reif werden, sich entwickeln, und vor denen man nach Monaten wie vor neuen Tänzen steht.

Manchmal sind wir unserer Arbeit näher als uns selbst, aber das Ergebnis enthält gerade dann unser Eigenstes.

Sonderbarerweise bin ich direkt nach der Arbeit besonders bereit, etwas Neues zu schaffen. Das liegt wohl daran, dass beim Schaffen immer ein Rest übrigbleibt, der nicht aufgeht, so dass man immer ein Stück von der Lösung entfernt bleibt. Und dieses Bewusstsein treibt mich zu neuen Versuchen.

Wie stellen Sie sich die Zukunft vor?

Danach darf man mich nicht fragen, denn die Gegenwart beansprucht mich ganz. Nur so viel: Ich werde arbeiten und tanzen, solange ich die Kraft habe. Ich sehe noch viele Aufgaben vor mir, darunter solche, für die ich heute noch keine Lösung habe. Das ist mein Trost, und deshalb ist mir vor der Zukunft nicht bange.

Bekenntnisse zu veröffentlichen und aus der Schule zu plaudern, ist für Künstler:innen immer gefährlich. Man wird auf Wahrheiten festgenagelt, die vergänglich sind, denn solange man schafft, will man weiterkommen und Früheres überwinden. Solche Überlegungen ähneln eher den Briefen an die vielen Freund:innen, die mir schreiben und mich fragen. Ich kann ja doch nicht allen antworten. Denn das Leben einer Tänzerin ist nur Freude, solange sie auf der Bühne steht. Das andere ist Tortur.

Folgen Sie in Ihrer pädagogischen Arbeit einem Credo?

Erfahrungen sind, wie das auch sonst in der Kunst der Fall ist, nicht ohne weiteres übertragbar, obwohl jeder vom anderen lernen kann. Wozu hätte ich sonst eine Schule! Ich will gewiss keine Nachahmer:innen erziehen, aber einzelne Beobachtungen und Erkenntnisse weitergeben, damit sie jeder auf der Basis seiner Bestimmung verwendet und etwas Eigenes daraus macht. So kann ich meine Erfahrungen an den Erfahrungen anderer kontrollieren und, wenn nötig, verbessern. In der Kunst können die Älteren glücklicherweise von den Jüngeren ebenso lernen wie die Jüngeren von den Älteren.

Schon 1926 sagten Sie, jede Tänzerin müsse selbstständig die Gesetze und Mittel ihres Tanzes finden und sich auf ihre eigene Erfahrung stützen. Nicht die Tänzerin allein, auch Musiker:innen, Dichter:innen, Maler:innen und Bildhauer:innen seien zu schöpferischen Tanzideen berufen. Welche Werte sind Ihnen in Ihrer pädagogischen Arbeit besonders wichtig?

Ich nehme von Anfang an Einfluss auf meine Schüler:innen und trete nicht erst in Erscheinung, wenn es um tänzerische Improvisation, Komposition, Kammertanz oder Gruppenregie geht. Wer nicht das einfache Gehen als eine tänzerische Funktion gelernt hat, wer nicht alle technischen Voraussetzungen als ein Element der zu gestaltenden Bewegung oder des Ausdrucks erlebt hat, dem wird es nichts nützen, wenn ihm Erfahrungen und Gesetze des tänzerischen Aufbaus vermittelt werden. Wer nicht Musik und einfachsten Schreitrhythmus verbinden kann, wird niemals in der Lage sein, musikalische und tänzerische Phrasierung in Einklang zu bringen. Im Tanz gibt es keine untergeordneten oder bloß technischen Dinge. Jede, auch die einfachste Arbeit, ist wesentlich und muss mit Hingabe betrieben werden. Sonst geht es der Tänzerin so wie dem Virtuosen, der jeden Tag stundenlang mechanisch übt und über das Mechanische nicht hinauskommt. Es gibt beim schöpferischen Arbeiten nichts, das Selbstzweck wäre. Alles, auch das Einfachste, dient dem Ganzen, der Gestaltung.

Wenn ich also eine Methode habe, ist es die, jede Unterrichtstätigkeit unter den Gesichtspunkt des tänzerischen Gestaltungsprozesses zu stellen. So wird jede Übung Tanz, wie jeder Tanz auch wieder Übung wird, um die nächste Stufe zu erreichen. Es gibt immer eine nächste. Wie das Schaffen keinen Anfang hat, denn wir beginnen unbewusst schon in der Kindheit, so hat es niemals ein Ende. Das Ziel liegt immer vor uns.

Fordern Sie von Ihren Schüler:innen, mutig zu sein?

Vom ersten Tage an erziehe ich meine kleinen Schüler:innen zur Selbstständigkeit und zum Verantwortungsbewusstsein. Ich mache sie schon in der ersten Stunde durch den Tanz mit Begriffen wie Disziplin, Konzentration und Präzision vertraut. Sie müssen sich gegenseitig kritisieren. Die Veranlagungen der Kinder sind sehr verschieden: Manche begreifen sehr bald, dass Tanzen mit Kunst zu tun hat, bei anderen dauert es lange. Ich erzähle ihnen viel und ermuntere sie, ihre Augen und Ohren für die Umwelt offenzuhalten. Die Kinder sind sehr wissbegierig und wollen lernen. Wir sind aber auch oft sehr lustig.

Ich möchte gern, dass die Schüler:innen ihre eigenen Ideen verwirklichen können, denn ich habe immer wieder festgestellt, dass junge Menschen schöpferische Fähigkeiten und Fantasie haben.

S. 128/129 Palucca Tanzwoche Hiddensee, Projekt des Bachelorstudiengangs Tanz, Leitung Prof. Katharina Christl, Vitte, 2024, Foto: Bernd Hentschel

Mir ist wichtig, dass sie gute Tänzer:innen werden und sich vor allen Dingen menschlich richtig entwickeln. Manchmal ist es nicht ganz einfach mit dem ‚berühmten' Wohlstand. Die Kinder sind oft sehr verwöhnt. Ich bin todunglücklich, wenn ich sehe, dass für manche Menschen nur Geld zählt. Es freut mich, dass es allen gut geht. Wir hatten es viel schlechter. Aber die Schüler müssen doch bescheiden bleiben. Ich gebe mir große Mühe, die Schüler:innen dazu zu erziehen, noch Ideale zu haben. Und ich hoffe, dass uns das an unserer Schule gelingt. Das kann ein Mensch nicht allein schaffen.

Der Neue Künstlerische Tanz hilft den Schüler:innen, sich zu Persönlichkeiten zu entwickeln. Vor allen Dingen sollen sie auch im Tanz selbstständig denken lernen. Von Anfang an werden sie darin bestärkt, zu improvisieren und eigene Tänze zu gestalten. Sie sollen Mut zum Experimentieren entwickeln, ihren Standpunkt vertreten und ihre Arbeit verteidigen können. Wir vermitteln ihnen künstlerische Mittel des Tanzes, wie Raum, Zeit, Aussage im Tanz und noch vieles mehr. Wir versuchen auch, die Schüler:innen vielseitig musikalisch weiterzubilden. Mit der Technik des Neuen Künstlerischen Tanzes zielen wir darauf, dass die Schüler:innen lernen, ihren Körper bewusst zu beherrschen, so dass sie alles ausdrücken können, was sie wollen und empfinden.

Dieses Interview ist ein Kunstprodukt. Es basiert auf Aussagen Paluccas, die in Büchern veröffentlicht wurden. Sie wurden von Angela Rannow nicht direkt zitiert, sondern sinngemäß wiedergegeben. Die bibliografischen Angaben finden sich im Literaturverzeichnis.

Frida Stenvall

Meiner Meinung nach ist Mut für unseren Alltag wichtig. Das kann für jede:n anders aussehen. Es reicht von einem kleinen Lächeln für jemanden, der auf der Straße vorübergeht, bis dahin, ganz man selbst zu sein, ohne sich zu rechtfertigen und ohne die Meinung anderer zu fürchten.

Mut und Tapferkeit lassen uns menschlich reifen. Wenn wir keine Risiken wagen oder in Bezug auf Umstände, in denen wir uns eingerichtet haben, keine Herausforderungen annehmen, entwickeln wir uns nicht weiter.

Schon die Entscheidung für die Kunst oder den Tanz als Berufsweg erfordert aufgrund der stets ungewissen Situation der Künste in der Gesellschaft, die Künstler:innen und kulturelle Zentren direkt betrifft, eine Menge Mut. Tänzer:innen können häufig leicht ersetzt werden. Das Verletzungsrisiko ist hoch. Es gibt immer Tausende andere Tänzer:innen, die bereit sind, in die Bresche zu springen. Wir Tänzer:innen gehen Risiken ein und zeigen Mut, seit wir uns von Kindheit an unserer Kunst widmen. Einige können nicht einmal ihre Schulausbildung angemessen beenden. Was passiert, wenn wir uns verletzen und keine andere Arbeit finden?

Um professionell zu choreografieren, muss man ebenfalls sehr viel Mut aufbringen. Choreograf:innen arbeiten meistens freischaffend. Das kann bedeuten, in einer Woche viele Projekte und viel Arbeit zu haben und in der folgenden Woche gar keine. Choreograf:innen müssen sich selbst vertrauen und ganz bei sich sein. Die Stücke, die von Choreograf:innen geschaffen werden, sind Teil ihrer selbst. Zuschauer:innen äußern gerne ihre Meinungen und sind besonders kritisch gegenüber Arbeiten, in denen die stereotypen Regeln des Choreografierens oder soziale Normen gebrochen werden. Choreograf:innen, die es schaffen, eine derartige Kritik zu ignorieren und weiterhin Werke kreieren, werden hoffentlich Erfolg haben.

Frida Stenvall, Bachelor-3-Projekt „(W)hole", Dresdner Heide, 2025, Foto: Kim Josephine Schölch

S. 134/135 Präsentation von Studierenden des MA Choreografie & der Professur Gestaltungslehre der Fakultät Architektur - TU Dresden, Seminar Architektur & Choreografie, Europäisches Festspielhaus der Künste Hellerau, 2021, Foto: Rostislav Komitov

Nora Schott

Jedes Kind kann schlafen lernen oder Hinter verschlossenen Türen

Ich werde in einem künstlerischen Projekt in einer Justizvollzugsanstalt arbeiten. Dafür muss ich Mut aufbringen. Auf wen werde ich treffen? Wird es vielleicht gefährlich?

Erste Eindrücke: Ich trete in eine unbekannte Welt ein. Eine Welt, in der ich im besonderen Maße von anderen abhängig bin. Gleich am Eingang werden meine Wertgegenstände verwahrt. Danach kann ich mich nur noch mit Hilfe des Justizpersonals bewegen. Überall werde ich eingeschlossen. Es ist ein beklemmendes, ohnmächtiges Gefühl. „Bleiben Sie niemals allein mit den Inhaftierten! Es könnte passieren, dass …". Wovor muss ich mich schützen? Hier gibt es ganz andere Rahmenbedingungen als in meinen anderen Projekten.

In der Justizvollzugsanstalt arbeite ich mit sehr erfahrenen Kunsttherapeut:innen und Theatermacher:innen zusammen. Es ist nicht ihre erste Arbeit hier. Sie sind routiniert und binden mich professionell ein. Tanz als ein weiteres künstlerisches Element hinzuzufügen, ist eine Idee der Theaterleute Jacqueline Hamann und Uwe Ziegler. Wir kennen uns und unsere Arbeitsweisen schon aus anderen Kontexten. So treffen wir klare Verabredungen zum Verhalten gegenüber den Inhaftierten, zu empathischer Nähe und zur nötigen Distanz. Wir reden alle Teilnehmer mit „Sie" an. Es sind ausschließlich Männer. Manche sind Muskelpakete, im Fitnessstudio hochtrainiert, andere sind schon früh von körperlichem Verfall gezeichnet. Sich über Tanz ausdrücken? Für sie ist das albern, lächerlich, Kinderkram … Kaum ein Teilnehmer war im Verlauf seines Lebens schon einmal im Theater, weder als Kind noch im Schulkontext, auch nicht als Erwachsener. Für mich und die Menschen in meinem Umfeld sind künstlerische Auseinandersetzungen selbstverständlich. Sie gehören vom Moment des Aufwachens an zu unserem Leben, und gestalten es mit. Von den Männern, mit denen ich jetzt arbeite, hat keiner eine solche Erfahrung gemacht. Und dann auch noch Tanzen! Von den Inhaftierten wird diese Vorstellung zunächst belächelt.

Justizvollzugsanstalt Dresden, Hammerweg, Dresden, 2025, Foto: Angela Rannow

Prinzipiell gilt: Die Teilnahme an Theaterprojekten ist freiwillig. In unserem Fall ist eine Gruppe Inhaftierter aus der Suchtstation jedoch dazu verpflichtet worden. Einige von ihnen steigen im Verlauf der Arbeit aus. Von den anfangs acht bis zehn Männern aus der Suchtstation sind am Ende nur noch zwei dabei. Alle, die sich freiwillig für die Theaterarbeit gemeldet haben, bleiben. Am Ende sind elf Männer auf der Bühne.

Das Thema „Jedes Kind kann schlafen lernen oder Hinter verschlossenen Türen" steht schon fest, als ich in das Projekt einsteige. Ein Teil der Inhaftierten hat schon zuvor in Theaterprojekten mitgearbeitet. Dabei zeigte sich, dass es Themen wie dieses gibt, die unbedingt bearbeitet werden sollten. Ich bin immer mit den Theaterleuten gemeinsam vor Ort. Am Anfang brauchen wir viel Zeit, um die Gruppe aufzubauen. Erst später beginnen wir mit der eigentlichen Stückentwicklung. Dabei lassen wir die persönlichen Geschichten der Inhaftierten in die theatralen und choreografischen Bilder einfließen.

Einen Ausgangspunkt bildet Wolfgang Borcherts Text *Draußen vor der Tür*. Er lässt sich auf die Situation in der Justizvollzugsanstalt übertragen: Du kommst aus dem Knast – und was dann? Fast alle Türen sind verschlossen. Schnell landest du wieder da, wo du herkommst. Die Spirale aus Abhängigkeit, Gewalt und Ohnmacht geht von vorne los …

Wir führen eine Interviewreihe durch. Die Männer füllen Fragebögen zu ihren Biografien aus.

Das meiste erfahren wir jedoch über die Arbeit. Allmählich baut sich Vertrauen auf. Es ist uns wichtig, alle Beteiligten ernst zu nehmen. „Was wollen Sie dem Publikum mitteilen? Hier ist der Raum, in dem Sie von den Dingen erzählen können, die Ihnen wichtig sind …" Wir wollen den Männern nichts auflasten, müssen unbedingt seriös bleiben und ernsthaft arbeiten. Sie würden sehr schnell merken, wenn sie verschaukelt werden, wenn wir oberflächlich oder nicht integer sind. Nur wenn wir beständig arbeiten, öffnen sich die Teilnehmer mit ihren Geschichten. Das ist der Prozess. In beinahe allen Fällen spielen häusliche Gewalt, Vernachlässigung, Kindeswohlgefährdung, Zwang, Versagen von Obhut und die damit verbundenen Erfahrungen und Konsequenzen eine Rolle.

Ich beginne das Training mit Übungen, die ich für diese spezielle Situation anpasse. Ich versuche, eigene Vorurteile zu überwinden, fordere Einsatz und Engagement. Im Verlauf der ersten Wochen stellen alle Teilnehmer des Projektes fest, dass Tanz anstrengende körperliche Arbeit ist. Nach und nach lassen sie sich auf Kraft- und Technikübungen sowie Improvisationsaufgaben ein. Ich bemerke, dass es auch in diesem Kontext, wie in allen anderen Gruppen, den Moment gibt, in dem sich alles verändert, weil man gemeinsam in Bewegung gekommen ist. Ein Sog.

Im Verlauf der Proben versuchen wir, die Teilnehmer durch unsere Aufgabenstellung zu ermuntern, Muster zu hinterfragen oder aufzulösen. Wir schaffen Situationen, in denen eine Person sehr wirkmächtig und die andere Person unterlegen ist, und ermuntern die Teilnehmer, diese Konstellation mit Bewegung spielerisch zu erkunden. Anfangs glauben die meisten Teilnehmer, dass sie gar nichts können. Allmählich wachsen sie in die Situation hinein.

Im Stück wird getanzt, gesprochen und gesungen. Wer welche Aufgabe übernimmt, hängt von den individuellen Stärken und Vorlieben ab. Es gibt Gruppenszenen und solistische Teile. Gegen Ende des Stückes werden einige statistische Daten zu den Biografien der Darsteller eingeblendet, zum Beispiel zu den ärztlichen Diagnosen während ihrer Kindheit, Aufenthalten in psychiatrischen Einrichtungen, häuslicher Gewalt, Erstbegegnung mit Alkohol und Drogen, beruflicher Ausbildung und Haftzeiten.

Vor Beginn der Arbeit dachte ich, dass ich mich von den Inhaftierten bedroht fühlen könnte. Jetzt weiß ich, wie wichtig es ist, mit ihnen in einen Austausch zu gehen. Gleichzeitig durfte ich ihre Geschichten nicht zu dicht an mich heranlassen. Ich musste differenzieren. Tanz braucht Nähe. Sowohl im Training als auch in den Proben gingen wir in einen engen körperlichen Kontakt. Dazu mussten wir einander vertrauen. Das war auch das Wichtigste für unsere Arbeit in diesem Projekt: ein verlässliches Vertrauensverhältnis, auch als Gegenpol zur Welt der Justizvollzugsanstalt. Keine Willkür! Wir erwarteten Zuverlässigkeit und Selbstständigkeit. Das galt auch für uns selbst.

Im Training und in den Proben mit Inhaftierten erfuhr ich auf eine neue Art, dass die Arbeit mit Tanz und Theater erstaunliche Prozesse anregen kann. Wir überschrieben Erfahrungswerte und konnten neue Handlungsoptionen erproben. Wir spürten, dass sich durch das Tanzen Zeit und Raum in der Justizvollzugsanstalt änderten. Tanz erfordert, in Bildern zu denken und sich in die Bewegung zu begeben. Tanz kann helfen, Emotionen zu kanalisieren. Das gilt besonders für Menschen, die nicht sehr sprachgewandt sind. Tanz kann das Gefühl erzeugen, endlich einmal dazuzugehören. Tanz kann eine Person darin bestärken, zu erkennen, etwas geschafft zu haben.

Die Hierarchie innerhalb der Gruppe bröckelte zusehends. Wir unterstützten differenzierte und sensible Ausdrucksformen, denn innerhalb der Haftanstalt versuchen viele, jede Form von Schwäche zu verbergen. Sie folgen der Überzeugung, dass sich der Stärkste durchsetzt. Mit unserer Arbeit ließen wir verborgene Erinnerungen durch Bewegungsaufgaben über das Körpergedächtnis wieder ans Licht treten.

Das Gefühl, das in dieser biografischen Arbeit am häufigsten Assoziationen hervorrief, war Angst. Angst vor Gewalt. Angst vor den Eltern. Angst, nicht dazu zu gehören oder ausgeschlossen zu werden. Angst, keine Chance zu haben und nicht in der Gesellschaft anzukommen. Angst, das eigene Leben nicht bewältigen zu können. Angst vor vertrauensvollen Beziehungen. Angst, eingesperrt zu sein. Mit Angst einschlafen. Aus Angst einschlafen.

Jedes Mal, wenn ich nach einer Probe wieder ausgeschlossen wurde und außerhalb der Haftanstalt meiner eigenen Wege gehen konnte, spürte ich eine riesige Erleichterung.

Die choreografische Arbeit mit den Inhaftierten hat mir sehr eindrucksvoll vor Augen geführt, dass es für viele überhaupt keine Selbstverständlichkeit ist, ein selbstbestimmtes Leben zu führen, in dem man hin und wieder mutige Entscheidungen treffen kann. Angst ist ein so starker Motor. Es braucht viel Mut, nicht an Gewohntem oder Gelerntem festzuhalten und für Veränderungen bereit zu sein. Mut braucht Vertrauen und Selbstvertrauen.

Ich war beeindruckt davon, wie intensiv sich die Beteiligten trotz anfänglicher Vorbehalte auf unsere Art, mit Bewegung zu arbeiten, eingelassen haben, und bereit waren, sich persönlich mit Hilfe von Tanz auszudrücken. Zum Schluss haben alle inhaftierten Teilnehmer auf der Bühne getanzt.

Das Stück hat verschlossene Türen zu individuellen Biografien geöffnet und neue Perspektiven auf Vergangenheit und Gegenwart der Lebenswege beleuchtet. Es entstanden sinnliche choreografische Bilder, die mich selbst überraschten.

Es gab eine interne Aufführung in der Haftanstalt und drei öffentliche Vorstellungen mit jeweils etwa 120 Zuschauenden. Ein Teil von ihnen waren Angehörige. Die Beamten waren sehr erstaunt und empathisch. Über sie habe ich auch sehr viel nachgedacht ... Die Situation der Beamten wäre durchaus eine eigene theatrale Bearbeitung wert. Nach den Aufführungen in der Haftanstalt fielen sich zuschauende Inhaftierte und Darsteller in die Arme. Es flossen sehr viele Tränen – Tränen der Erleichterung, des Glücks und der Empathie. Alle Aufführungen waren begleitet von intensiven Gefühlen der Teilnehmenden. Auf jede Vorstellung folgte ein ausführliches Publikumsgespräch, das Jacqueline Hamann moderierte. Diesen Austausch aller – auf Augenhöhe – habe ich in diesem Kontext als besonders produktiv empfunden. Wenn man sich respektvoll begegnet, schafft man die Grundlage für verantwortungsvolles Handeln, für Engagement, Hingabe und Mut.

Besonders berührte mich die Aussage eines Darstellers, er hätte erstmals in seinem Leben ein positives Feedback für etwas bekommen, das er geleistet hat. Ich habe mich oft gefragt, was die Teilnehmer nach so einem intensiven Prozess für sich bewahren können. Schließlich verbleiben sie in der Haftanstalt, einer Welt ohne Theater und Tanz, in der das Gefühl der Ohnmacht und Abhängigkeit allgegenwärtig ist. Zuversicht speist sich besonders stark aus dem Gefühl der Selbstwirksamkeit, dem Wissen, handlungsfähig zu sein.

Daher frage ich mich: Wird unsere gemeinsame künstlerische Arbeit Spuren in den individuellen Lebenswegen der Inhaftierten hinterlassen? Der Schritt ‚hinaus', der Weg zurück in die Gesellschaft, zu Familien, Freunden und Bekannten erfordert sehr viel Mut und birgt die Gefahr des nächsten Scheiterns. Es ist nicht einfach, Zugehörigkeit zu leben und sich von alten Mustern abzugrenzen.

Einer unserer Teilnehmer, der sehr intensiv mitgewirkt hat und viel für sich aus diesem Prozess gewinnen konnte, ist kurz nach seiner Entlassung von einer Brücke gestürzt. Offizieller Darstellung nach war es ein Suizid. Aus der Gruppe der Inhaftierten kam der Kommentar: „Niemand stürzt einfach so von einer Brücke."

Ich zweifle an allem.

Justizvollzugsanstalt Dresden, Hammerweg, Dresden, 2025, Foto: Angela Rannow

S. 142/143 Soirée, „Everyone saw Purple", Choreografie Katharina Christl, Tanz Studierende der Nachwuchsförderklasse Tanz (N 4), Semperoper Dresden, 2022, Foto: Ida Zenna

Luccio Navarro

Mutig zu sein heißt, sich von seinen eigenen Grenzen zu befreien. Grenzen, die uns die Gesellschaft aufzwingt, aber auch solche, die wir uns selbst setzen. Es liegt vielleicht daran, dass wir den Konsequenzen unserer Handlungen zu viel Aufmerksamkeit schenken.

Warum haben wir Angst davor, etwas zu wagen? Wir riskieren doch jeden Tag etwas, sobald wir aus der Tür treten.

Luccio Navarro, Bachelor-3-Projekt „(W)hole“, Dresdner Heide, 2025, Foto: Kim Josephine Schölch

S. 146/147 „Stunde des Tanzes“, Projekt der Orientierungs- und Nachwuchsförderklassen, Vorstellung im Rahmen der Schulkonzerte PHfT Dresden, 2024, Foto: Ida Zenna

Stimmen Studierender:

Mutig zu sein heißt, sich der Realität zu stellen und Herausforderungen anzunehmen.

Held:innen wenden sich gegen etwas, schwimmen gegen den Strom. Sie sind Erfindungen, Fantasien, aber vielleicht braucht der Mensch Held:innen.

Mut ist innerlich, Risiko ist äußerlich.

Man entscheidet immer selbst.

Hanne Wandtke

Ich bin ein Sonntagskind. Rede auf dem Theaterplatz

19.11.1989[33]

Ich bin ein Sonntagskind … Heute vor fünfzig Jahren hier in Dresden geboren. 1939 – ein dunkles Jahr. Den Bombenangriff hat die kleine Familie überlebt. Auch Hitlerfaschismus. Später Stalinismus. Es kam der entwickelte Sozialismus. Je entwickelter, desto enttäuschender. Jeder spürte die großen Mängel. Trotzdem hatten wir zum Schluss nicht nur Ein-, Zwei- oder Drei-, nein, wir hatten sogar Vierfruchtmarmelade!

Ich bin Tanzpädagogin an der Palucca Schule – jetzt das zehnte Jahr – und stelle nicht als Einzige auch an unserer Schule fest: Zu den gefährdetsten Gruppen unserer Gesellschaft gehören: … die Schüler! Sie sind ihren Lehrern ausgeliefert; die Lehrer den Direktoren; die Direktoren den Schulräten; die Schulräte den Ministern und die Minister … Die Hauptbindekraft in dieser Kette ist die Macht. Macht erzeugt Angst. Wir wollen nicht die Minister, Schulräte, Direktoren abschaffen, sondern *diese* Angst!

Wir wollen, dass der Minister keine Angst mehr hat vor – Egon Krenz.

Der Schulrat vor seinem Minister, der Schüler vor seinem Lehrer. Für mich persönlich gilt noch die Angst vor der Staatssicherheit.

An unseren Schulen wollen wir Menschen wachsen lassen, die ohne Angst vor Nachteilen frei eine eigene Meinung vertreten, die sich überall in der Welt frei bewegen und lernen dürfen, die sich voneinander unterscheiden, die sich irren und träumen dürfen.

Unsere Ausdrucksform ist der Tanz. Tanz ist Bewegung und die wertvollste Bewegung ist der aufrechte Gang. Ändern wir unsere Gangart! Kriechen und Ducken dürfen nur noch künstlerische Gestaltungsmittel sein. Nur mit entfesselten Schülern und Lehrern können wir die Arbeit Paluccas fortsetzen, die ein Leben lang gegen das Mittelmaß und die Oberflächlichkeit angekämpft hat. Verdienstvolle Namen wie Mary Wigman und Palucca standen einst für progressive Tanzkunst. Diese Tradition wurde wie so manches in den

33 Versammlung mit Reden von 23 Persönlichkeiten aus Kunst, Kultur und Politik (Moderation: Gunther Emmerlich, weitere Redner:innen aus dem Bereich Tanz: Thomas Hartmann, Meistertänzer, verlas einen Brief von Palucca; Iris Sputh, Tänzerin)

fünfziger Jahren rigoros abgebrochen. Bildenden Künstlern, die nicht in den Sozialistischen Realismus passten, ging das nicht anders. Über die Kunst haben oft nicht Künstler, sondern Parteifunktionäre entschieden. Das muss anders werden!

Mit vielen Kollegen bin ich mir einig, Folgendes zu fordern: Die Genossen der SED sind durch das Gesetz zum Führen verpflichtet. Entlasten wir sie davon! Parteiorganisationen – raus aus den Schulen, Betrieben und öffentlichen Einrichtungen! Pionier- und FDJ-Organisationen sowie alle neuen Jugendvereinigungen gehören nicht in die Schule! Entmilitarisierung des Erziehungswesens! Den Schulen volle Eigenverantwortung! Besonders Kunstschulen brauchen Souveränität, ein eigenes Gesicht! Archive und Bibliotheken müssen bedingungslos geöffnet werden! Wir wollen die Geschichte unseres eigenen Landes kennen!

Der Protest des Volkes hat viel erreicht. Jetzt muss gehandelt werden, damit wir eines schönen Sonntags nicht nur Fünffruchtmarmelade haben, sondern Konfitüre!

„Müllkostüm" (1986) von Hanne Wandtke in der Ausstellung „Aus der Reihe tanzen. Aktionskünstlerinnen in der DDR" (17.05.–31.08.2025) im Albertinum, Staatliche Kunstsammlungen Dresden, 2025, Foto: Angela Rannow

Antonio Ferrante

Mut ist eine innere Stärke, die es uns ermöglicht, Ängste, Ungewissheiten und Hindernisse zu überwinden. Mut treibt uns an, uns Situationen zu stellen, die riskant oder unbequem zu sein scheinen. Das Thema Mut hängt eng mit dem Sammeln von Erfahrungen zusammen, denn häufig lernen und wachsen wir, wenn wir unsere Komfortzone verlassen. Es sind die Momente, in denen wir uns entschließen, etwas anzugehen, das uns beängstigt oder herausfordert.

Wenn wir uns entscheiden, mutig zu sein, öffnen wir uns für die Möglichkeit, neue Situationen zu erleben und Erfahrungen zu gewinnen, die wir sonst vermeiden würden, zum Beispiel in der Öffentlichkeit zu reden, ein Solo zu tanzen, eine neue Technik zu erlernen oder ein schwieriges Gespräch zu führen. All das erfordert den Mut, sich unangenehmen Situationen zu stellen oder sich damit zu konfrontieren, versagen zu können. Im Gegenzug bereichert uns das mit neuen Fähigkeiten, Gefühlen und neuem Wissen.

Antonio Ferrante, Bachelor-3-Projekt „(W)hole“, Dresdner Heide, 2025, Foto: Kim Josephine Schölch

Stimmen Studierender:

Hilfe motiviert, mutig zu sein.

Es gibt Situationen, in denen
Mut keine Option ist.

Mut ist relativ, wenn es um
etwas geht, das man tun muss.

Man muss Australien verlassen,
wenn man professionell tanzen
will. Es ist mehr eine logische
Folge als eine Frage des Mutes.

Erfolg motiviert, mutig zu
sein.

Noé Valdes Vega

Immer im Ungewissen

Wie können wir uns das Projekt *Shared Body* vorstellen?

Das Projekt *Shared Body* ist eine fortwährende Reise. Sie begann im Winter 2023 im Museum Friedland. Ich fuhr mit dem Zug. Es war reiner Zufall, dass ich an dieser Station ausstieg, die gleichzeitig ein Museum ist. Ich schaute im Internet nach und stellte fest, dass sich dieses Museum mit dem Thema Migration in Deutschland seit Ende des Zweiten Weltkriegs befasst. Es erzählt die Geschichte des benachbarten Grenzdurchgangslagers, in dem seit 1945 schutzsuchende Menschen ankommen.[34] Die Museumsmitarbeiter:innen binden die heutigen Bewohner:innen des Grenzdurchgangslagers, also Asylsuchende und Spätaussiedler:innen, durch Partizipation und Mehrsprachigkeit in die museumspädagogischen Angebote ein. Als ich das las, wurde mir klar, dass ich einen Raum für das gefunden hatte, was ich während meines Masterprogramms an der Palucca Hochschule entwickelt habe. Hier war der Ort, an dem ich mit den Fragen, die meine professionelle Praxis leiten, herzlich willkommen bin und ein Echo finde.

Shared Body zielt darauf, Einrichtungen aus Kunst und Bildung mit soziokulturellen Projekten zu verbinden. In beiden Bereichen finden sich die Narrative der Performance und des Körpers als Mittel der Kommunikation. Der Performance-Forscherin Diana Taylor zufolge ist Performance eine Art des Schauens, eine Form des Verstehens. Ich denke, dass diese Art des Schauens uns alle an denselben Ort bringen kann – mit verschiedenen Stimmen, Farben und Größen. An diesem Ort besteht die einzige Verantwortung darin, menschlich zu sein.

Während meiner Reise im Tanz habe ich immer wieder Menschen getroffen, die bereit waren, mir die Hand zu reichen, sodass ich meinen Weg fortsetzen konnte. Das Projekt entstand aus Dankbarkeit. Ich fühle mich verantwortlich dafür, dass der Tanz verschiedene Facetten unserer persönlichen und unserer kollektiven Beziehungen durchdringt.

34 Das Grenzdurchgangslager Friedland liegt im äußersten Süden Niedersachsens an der Grenze zu Thüringen und Hessen.

S 156/157 Noé Valdes Vega, Tag der offenen Tür, PHfT Dresden, 2022, Foto: Ida Zenna

FILMAUFNAHMEN
RAUCHABZUG

Wir Menschen kommunizieren mit Hilfe von Bewegung – als einzelne Personen, als Gemeinschaft und mit unserer Umgebung. Wir bestehen aus Geschichten, die von einem Ort zum anderen reisen. Migration ist also etwas, das uns verbindet. In meinem Projekt versuche ich, an diese Geschichten anzuknüpfen. Für mich ist der Körper ein Gefäß für Geschichten. Friedland bietet mir die Möglichkeit, Menschen aus aller Welt zu treffen und an ihren Geschichten teilzuhaben. Ich habe eine Methode des gemeinsamen Erlebens von Bewegungspraktiken entwickelt. Wichtige Inspirationsquellen dafür sind die Theatertheorien und theaterpädagogischen Systeme von Augusto Boal und Eugenio Barba, die philosophischen Perspektiven von Jean-Luc Nancy and Hartmut Rosa sowie die Werke von Eduardo Galeano. Die Folklore meiner Heimat spielt ebenfalls eine bedeutende Rolle. Ich glaube, dass Theater und Tanz darin bestehen, das *Andere* zu sehen, es zu erkennen. Wenn ich vor einer Gruppe stehe, mache ich mir bewusst, dass wir alle Bewegungserfahrungen sammeln. Dann kann ich meine Ideen so vermitteln, dass der Körper sich dafür öffnet, uns als eine Gemeinschaft zu verstehen. Ich weiß nicht, ob Theater und Tanz die Welt wirklich ändern können. Aber ich bin davon überzeugt, dass sie jene von uns bewegen und ändern können, die Theater machen.

Zu wissen, woher wir kommen, kann uns Hinweise darauf geben, wohin wir gehen. Mit solchen Hinweisen zu spielen, ist Teil unseres Weges. Indem wir uns spielerisch bewegen, können andere Geschichten miterleben, die wir in uns tragen. Wir erzählen sie nicht in Worten, sondern eher durch Blicke, Gesten, aber auch durch die einfache Tatsache, dass wir da sind.

Die Menschen, die im Grenzdurchgangslager Friedland arbeiten, managen nicht nur einen physischen, sondern auch einen bürokratischen und multikulturellen Ort. *Shared Body* ist ein multikulturelles und vielsprachiges Projekt mit Menschen aller Altersgruppen und ganz verschiedenen Hintergründen. Die Gruppen, mit denen ich arbeite, unterscheiden sich von Workshop zu Workshop. Es begegnen sich Menschen aus Syrien, afrikanischen Ländern, Kolumbien, Venezuela, Russland, der Ukraine und vielen anderen Orten, an denen Bewegung die einzige Option für das Weitermachen darstellt. Bei diesen Begegnungen zwingt uns die Sprachenvielfalt dazu, eine gemeinsame Sprache zu finden. Bisher ist das die Sprache des sich bewegenden Körpers.

Mit welchen Methoden hast du in Friedland gearbeitet?

Anfangs waren die Teilnehmer:innen verständlicherweise etwas schüchtern. Sie hatten häufig keine konkrete Vorstellung davon, was Tanzen bedeutet. Ich beginne die Workshops daher immer damit, klarzustellen, dass wir uns mit Bewegung befassen, nicht mit Tanz. Das verändert die Atmosphäre schlagartig. Es schafft Neugierde und vielleicht sogar etwas mehr Nervosität. Dann sage ich, dass wir spielen werden, und stelle die Spielregeln vor.

Die Bewegungsworkshops beginnen immer im Ungewissen. Dabei geht es nicht nur um die Ungewissheit, an einem unbekannten Ort anzukommen, sondern auch darum, was uns bevorsteht. Diese Ungewissheit ist zuerst darin spürbar, wie wir uns innerhalb einer Gruppe aufeinander beziehen. Allmählich, nachdem ich in vielen Sprachen erklärt habe, dass wir uns bewegen werden, fangen die Körper an loszulassen. Was anfangs als Barriere wirkt, löst sich auf. Zum Schluss machen wir alle dieselbe Erfahrung, indem wir einander aktiv zuhören und den individuellen Rhythmen der Teilnehmer:innen folgen. Für einen kurzen Moment gestatten wir uns, einfach im und durch den Körper zu sein.

Ein typischer Workshop läuft etwa folgendermaßen ab: Ich versuche, so wenig wie möglich zu sprechen und anstelle dessen alles mit dem Körper, durch Bewegung zu erklären. Wir beginnen immer in einem Kreis, sodass sich alle sehen können. Das ist Absicht. Es schafft das Gefühl, dazuzugehören. Selbst wenn ich die Sprache nicht verstehe, die benutzt wird, kann mein Körper verstehen, wenn er sieht, dass sich ein anderer Körper bewegt. In diesem Kreis schlage ich verschiedene Bewegungen mit klaren Bildern vor; zum Beispiel: „Wir backen deutsches Brot!" Mit unseren Händen, unseren Körpern, beziehen wir unsere gesamte körperliche Struktur in die Idee ein, dass unsere Hände einen großen Teigbatzen kneten: „Mein Lieblingsbrot ist Kartoffelbrot!"

Nach der Arbeit im Kreis arbeiten wir mit einer Partnerin oder einem Partner. Dabei schlage ich verschiedene Versionen von Augusto Boals kolumbianischen Hypnose-Übungen vor. Die grundsätzliche Idee besteht darin, die Rolle des Führenden und der Folgenden wahrzunehmen. Durch den Rollentausch kann man die eigenen Fähigkeiten erkunden – solche, die beide Rollen erfordern, aber auch solche, die spezifisch zu der jeweils anderen Rolle gehören. Wir kommen oft zum Kreis zurück, besonders, wenn ich merke, dass die Energie nachlässt. Das kann in einer Situation, in der alle aus verschiedenen Orten stammen und verschiedene Sprachen sprechen, leicht passieren. Jeder Workshop dauert zwischen sechzig und fünfundsiebzig Minuten. Besonders schön an dieser Arbeit ist, wahrzunehmen, wie ein Körper, der anfangs schüchtern und zögerlich zu sein scheint, zu einem Körper wird, der spielt, sich mit anderen austauscht, und sich – jedenfalls hoffe ich das – für einen kurzen Moment lang die Möglichkeit eröffnet, in eine Welt einzutauchen, in der Bürokratie, Zwänge und Ängste aufweichen.

Wieso hast du dich dafür entschieden, mit Menschen mit Migrationshintergrund zu arbeiten?

Ich bin selbst ein Mensch mit Migrationshintergrund. Ich glaube, das sind wir alle. Ich bin mir meines Privilegs bewusst. Ich weiß, dass mein Wechsel in eine andere Welt reibungslos war und zumeist in meinem eigenen Tempo geschah. Aber auch ich bin fortgezogen.

Ich habe auf dieser Suche mein Zuhause und meine Familie verlassen. Ich weiß, was die Erfahrung von Gewalt innerhalb einer Familie für ihre Mitglieder bedeutet; und wie sie eine Familie auseinanderreißen kann. Ich weiß, was es bedeutet, einen geliebten Menschen auf unfaire Art zu verlieren. Ich wuchs damit auf, dass Menschen verschwanden oder sich entschlossen wegzugehen. Meiner Meinung nach ist es nicht immer notwendig, zu ergründen, warum wir unsere Heimatorte verlassen. Das gilt umso mehr, weil wir immer wieder daran erinnert werden, dass Zugehörigkeit jenseits der Heimat eine alltägliche, aber komplexe Praxis ist. Ich glaube, dass wir in einer Zeit leben, in der wir immer mehr unseren heimatlichen Rhythmus finden müssen.

Welchen Herausforderungen musstest du dich stellen?

Ich habe schon oft die Formulierung „Versetze dich doch einmal in die Lage des anderen!" gehört. Sie war auch ein Auslöser für das Projekt *Shared Body* – und unseren Versuch, mit Bewegung eine Heimat für den Körper beziehungsweise eine Heimat im Körper zu schaffen. Eine der Herausforderungen des Projekts besteht darin, den Teilnehmer:innen zunächst das Konzept des *body home*[35] als Grundlage unserer Erfahrungen vorzustellen und es für sie erlebbar zu machen. So lehrt mich das Projekt, dass das Andere auch ich bin.

Außerdem ist es nicht so leicht, unsere kulturellen Unterschiede zu registrieren. Ich verstehe manchmal nicht, wie sich andere aufeinander beziehen. Nicht immer funktioniert es, eine diverse und heterogene Gruppe zu bilden, wie sehr wir auch daran arbeiten mögen. Eine andere Schwierigkeit besteht darin, dass ich meine Ideen nicht immer in Worten ausdrücken kann. Ich durchlaufe oft einen Prozess der Verdichtung und Vereinfachung. Das ist nicht immer leicht, denn vieles ist zutiefst mit Sprache verbunden. Manchmal habe ich das Gefühl, die Erklärung dafür, warum der Körper sich uns auf die eine oder andere Art zeigt, mit Wörtern nur zu umhüllen. Obwohl das Wort tatsächlich ein Vermögen des Körpers ist, reicht es nicht aus, um zu formulieren, was einen Körper in seiner Gesamtheit ausmacht. Das Wechselspiel zwischen Wort und Körper wird komplexer, wenn wir es in verschiedenen Sprachen filtern. Meiner Erfahrung nach verbindet uns nicht die eine Sprache. Meine Ohren haben sich daran gewöhnt, Sprachen aus aller Welt zu hören – aus Orten, die ich manchmal nicht einmal kenne.

Mir ist klar, dass es nicht einfach ist, dieses Ziel zu verfolgen. Ich konzentriere mich jedenfalls auf freudvolle Erfahrungen und Entdeckungen.

35 der heimische Körper, der Körper als Heimat

Setzt du das Projekt *Shared Body* fort?

Dank der Unterstützung des Museums Friedland finden diese Workshops monatlich statt. Mich bewegt es, zu sehen, wie die Gruppen sich jedes Mal ändern. Einige Gesichter sehe ich nie wieder, während andere Teilnehmer:innen sogar nach fast einem Jahr immer noch zurückkommen.

Momentan arbeite ich im Forschungsprojekt *WeAreOne – Synergien für die öffentliche Gesundheit im Anthropozän aus dem Blickwinkel der Mensch-Tier-Natur-Interaktion* am Department für Agrarökonomie und rurale Entwicklung der Fakultät für Agrarwissenschaften an der Georg-August-Universität Göttingen. Hier beziehe ich ein, was ich in Friedland erarbeitet habe. Das Ziel besteht darin, Brücken zwischen künstlerisch orientierten Ausbildungsstätten und Institutionen für soziokulturelle Projekte zu schaffen, wobei der darstellende Körper ein Kernelement der Kommunikation ist.

Dieses Projekt bleibt das Rückgrat meiner tänzerischen Praxis. Ich glaube fest daran, dass der Tanz die Kraft hat, weit über die Bühne hinauszureichen, und das finde ich spannend. In akademischer Hinsicht reizt es mich, diese Forschung zu formalisieren. Vielleicht durch eine Untersuchung dessen, warum Körper auf Bewegung oder auf andere Körper auf spezifische Art und Weise reagieren. Ein Teil in mir widersetzt sich dieser Über-Analyse, wie ein Kind, das dem Glauben an Zauberei anhängen will. Manchmal liegt die Freude im Inexakten, wenn ich Leute einer mehrsprachigen Gruppe rennen, springen, einander folgen und beobachten sehe, die sich einfach nur Gesellschaft leisten.

Worin besteht für dich das besondere Potenzial des Tanzes?

Ich denke, dass wir einander spiegeln. Je größer der Unterschied, desto größer die Möglichkeit, zu lernen. Indem ich mich dem Tanz widme, widme ich mich auch meiner Gemeinschaft. Meiner Meinung nach muss Tanz immer über die Bühne hinausreichen. Wir leben in einer Zeit, in der Tanz aus einem Gefühl von Wachstum aus dem Körper herausströmt. Der Tanz besetzt jetzt Positionen, die wichtig sind für die Art, wie wir uns als Teil eines Ganzen erleben, zugleich aber auch aus einem Gefühl der Entfremdung heraus.

Tanz und Theater ereignen sich in jedem Winkel: in den Blicken in der U-Bahn, in den Wegen der Menschen … Sich miteinander zu bewegen, ist Teil dessen, was uns menschlich macht.

Was verbindest du mit dem Thema Mut?

Für mich besteht das Erbe Paluccas darin, anzuerkennen, dass Tanz das soziale Gewebe durchdringt. Obwohl ich Palucca nicht begegnet bin, erlebe ich ihre Arbeit sozusagen aus erster Hand durch ihre Wirkung auf die Schule, die Stadt und die Welt.

Mir scheint, dass sich gegenwärtig die mutigste Handlung in unserem Bett ereignet. Wir schalten den Wecker aus. Mit der nächsten Bewegung des Fingers, den wir gerade benutzt haben, lassen wir eine ganze Welt entstehen – nur um zu sehen, wie sie gerade auseinanderbricht. Derselbe Finger, der uns das Leben zeigt, zeigt uns auch das Gegenteil. Mit der Bewegung eines Fingers entscheiden wir darüber, Entsetzliches in Alltag zu verwandeln. Dann denkt das Auge nicht länger. Es folgt nur noch dem Finger, der alle drei Sekunden seine Meinung ändert.

Wir leben in einer Zeit einfacher Fragen und umfassender Antworten. So umfassend, dass sie manchmal verhindern, neue Fragen zu formulieren. Ich habe mich an diese neue Neigung der Sonne gewöhnt, obwohl ich unter anderen Sonnen geboren wurde. Ich wurde in einem Land geboren, das andere Arten des Lächelns kennt. Jetzt lebe ich in einem neuen Land und entdecke alles, das meine Augen berühren. Dabei habe ich die schöne Übereinstimmung der Suche mit den Augen des Anderen gefunden, den ich auch mit meinem Blick entdecke. Wir treffen uns in der Mitte. Ich weiß nicht, ob wir dort gleich sind, aber wir sind uns doch ziemlich ähnlich.

Die Fragen stellten Katharina Christl und Angela Rannow.

Daniela Lehmann, Studentin des MA Choreografie, Projekt „Bauhaus Reloaded“, 2019, Foto: Katharina Christl

Anna Krasnikova

Meiner Meinung nach gibt es einen fundamentalen Unterschied zwischen Mut und Tapferkeit. Mut ist in einem bestimmten Moment plötzlich vorhanden. Wir können das aber nicht voraussetzen. Ich tanze momentan in verschiedenen Compagnies vor und versuche gleichzeitig, all meinen anderen Verpflichtungen gerecht zu werden. Daher ist Mut etwas, das ich aktuell wirklich brauche. Ich habe die Erfahrung gemacht, dass ich plötzlich Mut habe, wenn ich sehr motiviert bin. Es ist fast wie ein Druck, der es unmöglich macht, sich zurückzuziehen.

In solchen Momenten gibt es zwei Optionen für mich: Ich bin entweder hoch motiviert und gebe mein Bestes. Ich stelle mich der Herausforderung, wie schwierig sie auch sein mag und wie groß die Angst auch ist, die ich überwinden muss. Oder ich verliere jegliche Motivation, irgendetwas zu tun, und versuche, mich so gut es geht zu verstecken. Also, ich denke, es geht weniger darum, mutig zu sein, sondern es hängt mehr von unserer Motivation und den Zielen ab, die wir uns setzen und zu erreichen suchen.

Anna Krasnikova, Bachelor-3-Projekt „(W)hole", Dresdner Heide, 2025, Foto: Kim Josephine Schölch

S. 166/67 Palucca Tanzwoche Hiddensee, Projekt des Bachelorstudiengangs Tanz, Leitung Prof. Katharina Christl, Vitte, 2022, Foto: Bernd Hentschel

„Auf der Suche nach mir", Choreografie und Tanz Mario Schröder, 1985, Foto: Siegfried Prölß

Wie wichtig es ist, ein Mensch zu sein

Ein Gespräch mit Mario Schröder

War es dein Wunsch, Tänzer zu werden, oder wurdest du für den Tanz entdeckt?

Damals gab es bei uns tatsächlich Scouts, die auf der Suche nach talentierten Kindern in die Schulen kamen und im Sportunterricht zuschauten. Meine Schwester Silvana sollte zum Gerätturnen auf die Sportschule in Cottbus gehen. Das war eine Olympia-Kaderschmiede. Aber sie entschied sich selbst für den Tanz. In meinem Fall kam der Impuls von unserer Mutter. Es war ihr immer sehr wichtig, dass wir glücklich sind. Eines Tages kam sie mit einer Annonce der Palucca Schule zu mir und fragte mich, ob ich nicht Lust hätte, Ballett zu studieren. Mir gefiel die Idee, nach Dresden zu gehen, aber unter Ballett konnte ich mir gar nichts vorstellen. Meine Mutter meinte, es sei so ähnlich wie das, was Charlie Chaplin mache. Das reizte mich natürlich, denn ich war ein glühender Fan von Charlie Chaplin. Sein Vorbild war der eigentliche Grund dafür, dass ich den Mut fand, zur Eignungsprüfung nach Dresden zu fahren. Dort hatten sich dreihundert, vielleicht sogar vierhundert Kinder mit ihren Eltern eingefunden. Die Prüfungen dauerten mehrere Tage. Ich hatte vorher vor allem Fußball gespielt. Nun stand ich erstmals in einem Tanzsaal barfuß auf einem Parkett und entdeckte eine völlig neue Welt. Palucca kam ins Studio. Wir sollten gleich am ersten Tag improvisieren. Ich stand wie gelähmt da und wusste nicht, was ich tun sollte. Alle anderen Kinder wirbelten und sprangen um mich herum. Vermutlich war ich der Einzige, der nicht wusste, wie er reagieren sollte. Palucca bemerkte das, kam zu mir und forderte mich auf, es zu versuchen. Ich antwortete ihr, dass ich nicht wisse, wie man tanze. Daraufhin fragte sie mich: „Was fühlst du denn?“ Ich fühlte mich unsicher. Palucca ermunterte mich: „Dann versuche doch, mir genau dieses Gefühl zu zeigen, ohne Worte, nur mit deinem Körper.“ Sie gab dem Korrepetitor ein Zeichen. Ich glaube, dass es Peter Jarchow war. Er spielte, und ich begann mich zu bewegen.

Palucca teilte uns mit, dass die Kinder, die das Auswahlverfahren bestehen würden, am letzten Tag eine Etüde zeigen sollten. Ich hatte dieses Wort noch nie gehört und sollte gleich eine Etüde erfinden! Eigentlich wäre ich am liebsten sofort abgereist. Wieder war es meine Mutter, die mir half. Sie stellte mir einfache Fragen. Eigentlich verhielt sie sich ähnlich wie Palucca. „Was machst du denn gerne?“ Ich las gern. Also fragte sie mich, was mir besonders gefiele. Ich liebte Abenteuergeschichten. So entschloss ich mich, einfach eine Geschichte über mich selbst zu zeigen. Darin erzählte ich, dass ich ein Buch lese und mehr und mehr in dieses Buch eintauche. Ich wurde zu einem Ritter, der dem Drachen den Kopf abschlägt. Danach schloss ich das Buch und nahm das nächste Buch zur Hand. Viel später wurde eine Dokumentation über mich gedreht. Palucca konnte sich noch an diese Drachentöter-Episode erinnern und sagte, dass die Etüde sehr gut war. Nachdem ich an der Palucca Schule angenommen worden war, arbeitete Palucca mit mir an der Drachentöter-Etüde weiter. Das Stück hieß: „Eine aufregende Geschichte“. Ich durfte als einziger Junge der Klasse mit auf Tournee gehen und habe immer meine Geschichte vom Lesen getanzt.

Wie hast du die Zeit an der Palucca Schule erlebt?

Es war herrlich. Ich war in Dresden im Internat, fuhr aber an den Wochenenden nach Hause und konnte die Kontakte zu meiner Familie und meinen Freunden weiterhin pflegen. Für mich war es wie ein Abenteuer. Letztlich hat die Verbindung zu meinen Freunden auch dazu beigetragen, über Tanz nachzudenken. Sie wollten wissen, was ich in Dresden so triebe. „Ich studiere Ballett.“ Meine Freunde hatten allerlei Klischees im Kopf. Es kamen Sprüche nach dem Motto: „Aha, du trägst Strumpfhosen und tanzt *Schwanensee*.“ Mir war wichtig, ihnen zu verdeutlichen, wie vielseitig Tanz ist – dass Tanz nicht nur Vergnügen ist, sondern an Prozessen teilhaben und sie reflektieren kann. Tanz kann Geschichten über die Menschen in unserer Nähe erzählen, aber auch darüber, wie Gesellschaft funktioniert. Der Wunsch, bei meinen Freunden Verständnis zu wecken, gab mir die ersten Impulse dafür, Menschen, die keinen Zugang zu Ballett und Tanz haben, mitnehmen und begeistern zu wollen. Tanz kann uns so viel geben. Es ist vielleicht ein wenig naiv zu denken, dass man die Welt verändern kann. Aber diese Naivität habe ich mir bis heute bewahrt. Ich glaube, dass man mit Theater Gesellschaft reflektieren kann und nicht nur der Unterhaltung dient.

Welche Rolle spielte Mut in Paluccas Unterricht?

Palucca war eine Spezialistin für Motivation, insbesondere für Kinder. Sie wirkte durch ihre Persönlichkeit. Sie war kraftvoll, charakterstark und voller Energie. Es ging ihr darum, Dinge zuzulassen und auf eine Suche zu gehen. Wirklich zu fühlen, zu denken und entsprechend zu tanzen, dazu gehört Mut. Ich war als Kind sehr schüchtern. In Paluccas Unterricht, insbesondere in der Improvisation, brauchte man Mut. Beim Improvisieren musste ich den Mut finden, mich fallen zu lassen, loszulassen, nicht alles über den Kopf zu steuern.

Später, vor allem durch Patricio Bunster, wurden wir mit einer anderen Facette von Mut konfrontiert. Bunster lehrte uns, politische Entwicklungen und soziale Prozesse nicht nur anzunehmen, sondern mit Mut zu hinterfragen.

Für Palucca, Patricio Bunster, Hans-Joachim Metz und unsere Theorielehrer:innen stand eine humanistische Gesinnung an erster Stelle: Wir sind Menschen, wir denken, wir fühlen, wir haben Träume, wir haben Wünsche, wir haben Ängste. Wir müssen versuchen, darüber zu sprechen; denn um zu verstehen, müssen wir lernen. Die Sprache des Tanzes ist höchst komplex. Ich meine damit vor allem den professionellen Kontext. Natürlich kann jeder Mensch tanzen oder ist eine Tänzerin, ein Tänzer. Doch um auf einem sehr hohen tänzerischen Niveau kommunizieren zu können, braucht es einen Schutzraum, in dem man sich ausprobieren und weiterentwickeln kann.

Meine Abschlussarbeit an der Palucca Schule schrieb ich über Charlie Chaplin. Einige Lehrer:innen meinten, dass das nicht möglich sei. Es müsse jemand aus dem Bereich Tanz sein. Aber Palucca unterstützte meine Idee: „Warum sollte er nicht über Chaplin schreiben? Chaplin war einer der größten Künstler und Tänzer seiner Zeit." Zu diesem Zeitpunkt war ich bereits so gefestigt, Künstler sein zu sein wollen, Menschen mit Tanz berühren zu wollen, Fragen mit den Mitteln der Kunst zu stellen. Später habe ich eine abendfüllende Produktion zu Charlie Chaplin für das Theater Kiel (Ballett Kiel) und die Oper Leipzig (Leipziger Ballett) geschaffen. Für mich hat sich damit ein Kreis geschlossen. Es ging darum, wie man denkt, fühlt, reflektiert, wie man sich politisch verortet und wie man zwischenmenschliche Räume sieht.

An welchem Haus warst du nach deiner Ausbildung an der Palucca Schule engagiert?

Damals kamen die Ballettdirektoren an die Palucca Schule und suchten sich die Tänzer:innen aus. Im Gegensatz zu heute war es luxuriös, denn wir durften sogar Wünsche äußern. In Dresden wollte ich nicht bleiben, an die Deutsche Staatsoper Berlin zog es mich ebenfalls nicht. Für mich kamen nur die Komische Oper Berlin und die Oper Leipzig in Frage. Ich erhielt sofort ein Engagement in Leipzig. Zunächst war ich Gruppentänzer, stieg dann aber schnell zum Solisten auf und blieb viele Jahre erster Solotänzer. Es war wirklich spannend. Zu den Choreograf:innen, die mit mir arbeiteten, gehörten Dietmar Seyffert, später Enno Markwart und verschiedene Gastchoreograf:innen. Gleichzeitig waren wir vermutlich besser über die Tanzszene in Westeuropa informiert als die westlichen Tänzer:innen über den Tanz und das Ballett in Osteuropa. Für uns war es normal, bestimmte Choreograf:innen nicht nur dem Namen nach zu kennen, sondern uns auch mit ihren Arbeiten künstlerisch auseinanderzusetzen. Wir waren an allem interessiert, das es gab. Das schloss auch die Entwicklungen im Ostblock ein.

Kurz vor der friedlichen Revolution begann ich ein Studium der Choreografie an der Hochschule für Schauspielkunst Ernst Busch in Berlin und habe neben meiner Arbeit als Balletttänzer schon relativ viel choreografiert. Meine erste Choreografie hieß *Auf der Suche nach mir.*

Du hast 1989 in Leipzig gearbeitet und gewohnt. Wie hast du den gesellschaftlichen Aufbruch dieser Zeit erlebt?

Weil ich ein neugieriger Mensch bin, nahm ich gleich an den ersten Demonstrationen teil. Zu meinem Freundeskreis gehörten Leute, die sich in der Bewegung „Schwerter zu Pflugscharen“ engagierten. Sie trafen sich und diskutierten, wie sich unser Leben in der Zukunft gestalten sollte. Bevor die großen Demonstrationen mit hunderttausenden Teilnehmer:innen auf dem Leipziger Innenstadtring stattfanden, hatte ich ein einschneidendes Erlebnis an der Nikolaikirche. Wir spielten in der Oper gerade *Dornröschen*. Kurz vor einer Durchlaufprobe entging ich direkt vor dem Theater ganz knapp einer Verhaftung durch die Staatssicherheit. Es waren Stasi-Leute in Zivil. Sie versuchten, mich in ein Auto zu zerren, aber ich hatte das Glück, mich losreißen zu können. Da ich die verschlungenen Wege der Oper kannte, konnte ich fliehen. Das Ganze zeigte die Absurdität des Systems, denn ohne eine entsprechende Erlaubnis wagte die Stasi-Leute es nicht, am Pförtner vorbei in das Opernhaus einzudringen. Das System schlug sich selbst. Ich versuchte, meine *Dornröschen*-Variationen zu tanzen, aber es war unmöglich. Ich befand mich in einer extremen emotionalen Situation. *Dornröschen*, so schien es mir, hatte überhaupt nichts mit den aktuellen gesellschaftlichen Entwicklungen zu tun. Die 65 Tänzer:innen der Company wussten natürlich nicht, woher ich kam. Der damalige Ballettchef Enno Markwart bemerkte, dass mit mir etwas nicht stimmte. Er fragte mich, was denn passiert sei. Ich versuchte, meine Tränen zu unterdrücken und antwortete, dass ich mit dieser Situation nicht klarkäme. Vor der Tür würden Menschen verhaftet werden, aber wir täten so, als wäre alles friedlich, schön und gut. Enno Markwart war und ist ein sehr sozial und politisch denkender Mensch. Natürlich war er sich der brisanten Situation in Leipzig bewusst. Er verstand sofort mein Dilemma, brach die Probe ab und schickte uns nach Hause. Ich zog mich also um und ging sofort wieder auf die Straße, aber es war niemand mehr dort. Nach diesem einschneidenden Ereignis versuchte ich, an jeder Montagsdemonstration teilzunehmen. Ich spürte, dass ich an etwas beteiligt war, das ich vielleicht nicht beeinflussen konnte. Aber es war klar, dass sich eine tiefgreifende Veränderung vollzog. Die Menschen trafen sich, um zu protestieren. Da sich immer mehr Menschen daran beteiligten, gab uns das den Mut, weiterzumachen. Ich ging nicht aus Frustration zu diesen Demonstrationen, etwa weil ich nicht reisen durfte, sondern eher aus Neugierde. Als Künstler und als Mensch hatte ich natürlich Fragen. In meinem eigenen Umfeld gab es Leute, die einen Ausreiseantrag gestellt hatten. Mich interessierte, unter welchen Umständen Menschen ihr Glück finden. Insofern waren diese Demonstrationen, durch die wir Teil eines bedeutenden geschichtlichen Prozesses wurden, durchaus ausschlaggebend für meine weitere künstlerische Entwicklung. Hinzu kam, dass ich in diesem Zusammenhang von bestimmten Künstler:innen wichtige Impulse erhalten habe. Dazu gehört aber auch die Geschichte, die zuvor stattgefunden hatte – die Menschen, die mir vorher begegnet waren und die Künstler:innen, mit denen ich vorher arbeiten durfte. Sehr wichtig sowohl für mich als auch für meine Schwester Silvana war unsere Mutter. Sie war ein Ruhepol und hat uns immer darin unterstützt, den Mut zu haben, das auszuleben, was wir wollten. Bei ihr konnten wir stets einen Ort der Geborgenheit finden, unser Zuhause. Sie hat viel Kraft investiert, um uns während der Ausbildung an der Palucca Schule zu helfen. Schon vor 1989 erhielt ich als Ballett-Tänzer mehrere Angebote aus dem westlichen Ausland. Ich hatte gemeinsam mit Dietmar Seyffert für die Solo-Harfenistin Tatjana Seyffert und mich ein Soloprogramm entwickelt, das wir im westlichen Ausland nicht zeigen durften, weil ich keinen Reisepass erhielt. Nach der friedlichen Revolution lockte aber nicht nur das Ausland. Was bei uns in der Oper geschah, war extrem intensiv. Ich denke an Persönlichkeiten wie Udo Zimmermann, George Tabori, Achim Freyer, Ruth Berghaus, István Szabó und Karl-Heinz Stockhausen. Es waren Künstler:innen, die Theater als Plattform für Kommunikation verstanden, die politisches Theater machten und höchst intensive Fragen mit ihrer Kunst formulierten.

Warst du mit Menschen befreundet, die Konzepte für eine andere DDR entwickelt haben? Zu Beginn der Demonstrationen stand ja die Abschaffung des SED-Regimes im Vordergrund. Das Ende der DDR war gar nicht vorstellbar …

Es gab eine ganze Mischung an Befindlichkeiten. Einige Leute wollten unbedingt alles so bewahren, wie es war, einige etwas völlig Neues, andere nur bestimmte Veränderungen. Der Prozess hat alle überrollt. Alle hatten Erwartungshaltungen. Davon sind einige erfüllt, andere aber auch enttäuscht worden. Erwartungshaltungen ändern sich auch …

S. 174/175 Probe zu „Chaplin", Choreografie Mario Schröder, Mario Schröder und Amelia Waller, Leipziger Ballett, Leipzig, 2013, Foto: Ida Zenna

Ich betrachte es als ein großes Privileg, an einer Revolution beteiligt gewesen zu sein, noch dazu an einer friedlichen Revolution. Ich denke, dass wir aufgrund dieser Erfahrung einen geschärften, weiten Blick auf die aktuelle Situation haben. Wir wissen, dass man Dinge ändern kann. Für mich war es wunderbar, endlich reisen zu können und so viele verschiedene Kulturen kennenzulernen. Ich fuhr sofort los, war in Nepal, Kambodscha und Thailand. Das bedeutete für mich, zu leben. Gleichzeitig half es mir zu verstehen, wo ich zu Hause bin. Meine Heimat ist dort, wo ich geboren wurde, wo ich von Menschen umgeben bin, die ich liebe, die mich lieben, wo es Vertrauen und Wertschätzung gibt. Natürlich hatte ich vor der Friedlichen Revolution darüber nachgedacht, ob ich ausreisen sollte, weil ich nicht reisen durfte. Das war durchaus ein Konflikt. Ich hätte aber unsere Mutter, meine Schwester, meine Familie niemals allein gelassen. Zur Zeit der Friedlichen Revolution war ich in einem Alter, da Träume und Hoffnungen extrem durcheinander gewirbelt werden. Ich möchte diese Erfahrung nicht missen. Wir sind das, was wir sind, aus der Geschichte heraus. Die Begegnung mit anderen Menschen macht uns zu dem, was wir sind. Ich finde es auch sehr wichtig, heute erneut über die politischen Entwicklungen von 1989 nachzudenken – darüber, was uns im Zuge dessen abhandenkam, und was wir gewonnen haben.

Wie hast du die Begegnung mit zeitgenössischen Tanztechniken empfunden, zum Beispiel bei deiner Reise nach Frankreich?

Es war auf alle Fälle nicht die erste Auseinandersetzung mit anderen Ballett- und Tanz-Techniken. Denn die Ausbildung an der Palucca Schule war einerseits sehr streng, andererseits durchaus vielseitig. Das Hauptaugenmerk lag auf dem Klassischen Tanz und der Improvisation, aber wir lernten auch historischen Tanz, Folklore, Jazz und Flamenco. Gastdozenten lehrten Techniken wie Graham und Cunningham. Im Klassischen Tanz haben wir verschiedene Stile kennengelernt, nicht nur die Waganowa-Methode beziehungsweise klassische russische Schule. Hans-Joachim Metz lehrte Bournonville-Repertoire. Patricio Bunster brachte die Jooss-Leeder-Technik ein. Außerdem nahm ich an internationalen Sommerkursen teil, wo ebenfalls verschiedene Techniken gelehrt wurden und man sein Repertoire beträchtlich erweitern konnte.

Meine Schwester und ich wurden kurz nach der Friedlichen Revolution von 1989 zum Festival des Ostens eingeladen. Dort trafen wir auf viele spannende Künstler, die ähnlich wie wir von diesen gesellschaftlichen Umbrüchen fasziniert waren. Dazu gehörten Feeling B, Vorläufer von Rammstein, und Heiner Müller.

Später verbrachten wir mehrere Wochen in Frankreich, wo Silvana und ich unsere Choreografie *Der Riss* und zwei eigene Solos zeigten. Präsident François Mitterrand und Kulturminister Jack Lang empfingen uns. Wir lernten viele Künstler:innen der französischen

Tanzszene kennen, darunter Jean-Claude Gallotta, Maguy Marin, Régine Chopinot und Angelin Preljocaj.

Für uns war die Begegnung sehr interessant, weil wir im Ballett von ganz anderen Voraussetzungen ausgingen. Wir fragten uns immer, warum wir tanzen, warum wir bestimmte Schritte und Bewegungen ausführen. In Frankreich ging es eher darum, bestimmte Techniken zu nutzen, um Zustände zu transportieren. Wir erlernten also neue Techniken, zum Beispiel Aikidō und Meditation, vertieften aber auch unsere Kenntnis von Techniken wie der Kontaktimprovisation. Dominique Bagouet hätte uns vom Fleck weg engagiert. Wir wollten aber wieder zurück nach Leipzig und Gera. Das war unsere Heimat und unser künstlerisches Zuhause. Uns ging es vor allem darum, zu registrieren, was sich bei uns vollzog und nach vorne zu schauen. Unterdessen war Uwe Scholz Chefchoreograf an der Oper Leipzig. Was in Leipzig stattfand, war eine riesige Bereicherung für mich.

Es gab aber auch eine Kehrseite der neuen Freiheiten ...

Ja, vieles war vorher unvorstellbar. Dazu gehörte das Auftauchen von Neonazis. Wir sahen, dass Menschen in nächster Nähe durch das soziale Netz fielen. Es betraf auch Kolleg:innen, die nicht nur aufhörten zu tanzen, sondern plötzlich auf der Straße leben mussten. Das hat uns betroffen und sehr, sehr wütend gemacht. Wir kamen ja aus einer Art geschlossenem Raum, in dem es derartiges nicht gab.

Aber aus unserer Erschütterung erwuchs der Mut, Dinge anzusprechen, die uns wirklich beschäftigen. Wir wollten hinterfragen, auf welchem Weg wir uns als Gesellschaft befanden.

So schufen Silvana und ich den Abend *Wolfskinder* für das Theater Cottbus. Darin ging es um obdachlose Kinder. Wir waren privilegiert, denn wir konnten uns künstlerisch zu dieser traurigen Thematik äußern; wir wollten etwas verändern. Da schwang sicher wieder etwas Naivität mit.

Gab es noch andere Situationen, die dich besonders herausforderten? Wir lassen ja aktuell sehr viel Realitätsverweigerung, soziale Ungerechtigkeit, Aggressionen und furchtbares Leid zu.

Eigentlich ist jeder Tag eine Herausforderung. Im Tanz besteht das Ziel darin, jeden Tag etwas Neues zu lernen, etwas Neues zu erfahren, Routine zu verhindern. Das erfordert auch eine gewisse Disziplin, um das Gelernte nicht einfach abzurufen, sondern es auch zu verändern. Dazu braucht es eine gewisse Offenheit, aber auch eine Entspanntheit. Bei all dem, was wir tun, sollten wir nicht vergessen, dass es wichtig ist, ein Mensch zu sein. Aktuell ist leider zu beobachten, dass die Menschen sich im Umgang miteinander selbst verlieren. Im Bemühen um eine Karriere vergessen sie, wer sie sind.

Der Tanz gibt uns wiederum die Möglichkeit, das Gefühl von Gemeinschaft zu entwickeln. Die Gemeinschaft ist eigentlich etwas, worin wir uns fallenlassen können. Das Gefühl von

Gemeinschaft ist nicht nur schön, sondern schafft auch die Möglichkeit, neu zu denken, anders zu denken. Wenn wir nicht nur an das eigene Ego denken, sondern auch daran, mit wem wir arbeiten, wie wir arbeiten, führt das zu einer anderen Kommunikation.

Technische Entwicklungen ermöglichen, dass Kommunikation immer schneller wird. Man kann ein synthetisches „Ich" seiner selbst herstellen. Aber im Leben, wie im Theater, ist der Mensch das Wichtigste. Die Welt des Theaters ist immer in Bewegung. Wohin entwickelt sie sich derzeit? Welche Inhalte erzählen wir? Welche Geschichten wollen wir mit dem Körper thematisieren? Tanz an sich ist vergänglich, aber er hinterlässt Erinnerungsspuren. Spuren eines extrem intensiven Erlebnisses. Das ist doch etwas Wunderbares. Wir sollten darauf bestehen, dass das etwas Wichtiges ist. Wir dürfen uns als Menschen, Schaffende, Tanzende nicht verlieren. Mich persönlich interessiert, mit Menschen zusammen zu sein, denen ich vertrauen kann. Nur eine Karriere zu verfolgen, widerspricht dem kreativen Momentum. Leider sind die Strukturen im Theaterbereich für einen vertrauensvollen Umgang der Theaterleute nicht unbedingt förderlich. Zudem wird die Kommunikation in der Gesellschaft zunehmend rauer, gröber. Die Politik macht es vor. Plötzlich werden Verhaltensweisen und Aussagen hoffähig, die vorher tabu waren. Wachsende Intoleranz und das Schüren von Angst bilden ein Instrumentarium. Das ist keine gute Entwicklung. Kunst soll nicht nur künstlich sein, sondern uns selbst daran erinnern, wer wir sind. Das bringt mich zurück zu Charlie Chaplin. Er wurde angeklagt und bezichtigt, Kommunist zu sein. Er hat das zurückgewiesen: „Ich bin kein Kommunist. Ich tue, was ich tue, weil ich Menschen liebe."

Wie können wir der Intoleranz, der Verrohung entgegensteuern? Wenn wir als Künstler:innen es nicht schaffen, würdig und respektvoll miteinander umzugehen, wer dann? Man kann ein positives Gemeinschaftsgefühl nicht dekretieren, wir müssen es aus uns selbst heraus entwickeln. Es ist wichtig, wie wir Kunst machen. Die Theaterkultur in Deutschland ist vielseitig und wunderbar. Gerade angesichts der aktuellen Bedrohungen sollten wir für sie einstehen. Dafür brauchen wir Mut – Mut, um Kunst zu machen.

Im Mittelpunkt sollte immer der Mensch stehen. Nicht das „Ich", sondern das „Wir".

Die Fragen stellte Angela Rannow.

„Chaplin", Choreografie Mario Schröder, Amelia Waller (und Tyler Galster), Ausstattung: Paul Zoller, Leipziger Ballett, Leipzig, 2013, Foto: Ida Zenna

Eiya Ishikawa

Mut und Tanz

Auf der Bühne Gefühle ausdrücken, um sich mit dem Publikum zu verbinden.

Physische und körperliche Grenzen verschieben, um Verbesserungen zu erzielen.
Verletzungen und Rückschläge überwinden und stärker zurückkommen.

Sich an neue Situationen und andere Menschen anpassen.

Mut und Selbstvertrauen

Sich der Gefahr von Fehlern aussetzen und trotz Fehlern weiter tanzen.

Etwas zu tanzen, das man nicht wirklich vorbereitet hat/wofür man nicht wirklich bereit ist.

Die Verantwortung für einen Auftritt auf der Bühne tragen.

Eiya Ishikawa, Bachelor-3-Projekt „(W)hole“, Dresdner Heide, 2025, Foto: Kim Josephine Schölch

Zu den Autor:innen und Gesprächspartner:innen

Avatâra Ayuso
Absolventin der Palucca Hochschule für Tanz Dresden, Künstlerische Meisterklasse (2007), freischaffende Tänzerin, Choreografin, Tanzpädagogin
Künstlerische Direktorin und Choreografin der Awa Dance Company
Gründerin und Direktorin des gemeinnützigen Vereins Awa Dance
Siehe: www.avataraayuso.com; www.awadance.org (letzter Zugriff: 30.06.2025)

Prof. Dr. Dirk Baecker
Soziologe, Mitglied des Beirats der Palucca Hochschule
Siehe: https://www.researchgate.net/profile/Dirk-Baecker (letzter Zugriff: 30.06.2025)

Prof. Katharina Christl
Tanzstudium an der Palucca Schule, Diplom-Bühnentanz (1996)
Tänzerin, freischaffende Choreografin, Tanzpädagogin, Rektorin der Palucca Hochschule für Tanz Dresden (seit August 2024)
Siehe: https://palucca.eu/hochschule/organisation/lehrende/prof-katharina-christl (letzter Zugriff: 30.06.2025)

Frédéric Coupet
Freischaffender Bildender Künstler, Schauspieler, Regisseur, Dramaturg und Autor

Andreas Heise
Absolvent der Palucca Schule, Diplom-Bühnentanz (1998)
Tänzer, freischaffender Choreograf
Siehe: https://andreas-heise.com/welcome (letzter Zugriff: 30.06.2025)

Wagner Moreira
Absolvent der Palucca Hochschule für Tanz Dresden, MA Choreography (2012) und Künstlerische Meisterklasse (2016)
Tänzer, Choreograf, künstlerischer Leiter des Tanztheaters Regensburg

Siehe: https://www.theaterregensburg.de/personen/wagner-moreira.html (letzter Zugriff: 30.06.2025)

Palucca
Tänzerin, Choreografin, Tanzpädagogin, Gründerin der Palucca Schule

Dr. Angela Rannow
Wissenschaftliche Mitarbeiterin der Palucca Hochschule für Tanz Dresden
Siehe: https://tdz.de/person/angela-rannow (letzter Zugriff: 30.06.2025)

Nora Schott
Absolventin der Palucca Hochschule für Tanz Dresden,
Diplom-Bühnentanz (1998),
Diplom-Choreografie (2000) und Künstlerische Meisterklasse (2001)
Tänzerin, Choreografin, Tanzpädagogin
Siehe: http://www.noraschott.de (letzter Zugriff: 30.06.2025)

Noé Valdes Vega
Absolvent der Palucca Hochschule für Tanz Dresden, MA Choreography (2024) und Künstlerische Meisterklasse (bis 2026)
Tänzer, Choreograf, Tanzpädagoge
https://noevaldesvega.com

Hanne Wandtke
Absolventin der Palucca Schule (1960)
Tänzerin, Choreografin, Tanzpädagogin, Direktorin der Palucca Hochschule für Tanz Dresden (1993-1994), Ehrensenatorin der Palucca Hochschule für Tanz Dresden

Studierende des 3. Studienjahres BA Tanz (2024/2025) der Palucca Hochschule
Martin Balában, Antonio Ferrante, Florian Enzo Gerhardt, Luccio Navarro, Simon Voitoux-Puigrenier, Niko Adachi, Anna Krasnikova, Liam Meier, Ella Jayde Ravat, Catherine Rinehart Beer, Frida Stenvall

Catherine Rinehart, Hiddensee, 2023, Foto: Bernd Hentschel

Literatur

Angela Rannow
Es ist nicht immer nett. Aufforderung zum Tanz.

Susanne Beyer: *Palucca.* Die Biografie, Berlin 2009.

Peter Jarchow/Ralf Stabel: *Palucca. aus ihrem Leben, über ihre Kunst*, Berlin 1997.

Angela Rannow: „Vom Training des aufrechten Ganges. Improvisation in der Tanzausbildung der DDR", in: Schröder, Benjamin/Staadt, Jochen (Hg.): *Unter Hammer und Zirkel. Repression, Opposition und Widerstand an den Hochschulen der SBZ/DDR.* Studien des Forschungsverbundes SED-Staat an der Freien Universität Berlin 2011, S. 289-309.

Katja Erdmann-Rajski: *Gret Palucca. Tanz und Zeiterfahrung in Deutschland im 20. Jahrhundert: Weimarer Republik, Nationalsozialismus, Deutsche Demokratische Republik*, Hildesheim/Zürich/New York 2000.

Ralf Stabel: *Tanz, Palucca! Die Verkörperung einer Leidenschaft*, Berlin 2001.

Ralf Stabel: *Vorwärts, Rückwärts, Seitwärts. Mit und ohne Frontveränderung. Zur Geschichte der Palucca Schule Dresdens*, Wilhelmshaven 2001.

Dirk Baecker
Mut als Kalkül

Claude Bernard: *Leçons sur la chaleur animale, sur les effets de la chaleur et sur la fièvre*, Paris 1876.

Walter B. Cannon: *The Wisdom of the Body* (1932), erw. Aufl., New York 1963.

Sigmund Freud: *Entwurf einer Psychologie (1895). Gesammelte Werke, Nachtragsband: Texte aus den Jahren 1885 bis 1938*, Frankfurt am Main 1999, S. 387-477.

Kunihiko Kaneko: „Chaos as a Source of Complexity and Diversity in Evolution", in: *Artificial Life 1* (1994), S. 163-177.

Herbert A. Simon: *The Sciences of the Artificial*, Cambridge 1969, 3. Aufl. 1996.

Hanne Wandkte, Vor der Wende hatte ich viel mehr Mut

Deutsche Gesellschaft e. V. in Zusammenarbeit mit der Künstlerhaus Bethanien GmbH: *Gegenstimmen. Kunst in der DDR 1976-1989. Voices of Dissent*, Berlin 2016.

Mondschein im Wald oder Giraffen im Zoo? Hanne Wandtke und Peter Jarchow im Gespräch mit Angela Rannow, in: Angela Rannow (Hg.), *Mondscheingiraffen. 25 Jahre Winterkurs für Improvisation und 1. Symposium „Improvisation in Kunst und Pädagogik" in Dresden*, Dresden 2004, S. 20-40.

Paul Kaiser, Christoph Tannert, Alfred Weidinger (Hg.): *Point of no return. Wende und Umbruch in der ostdeutschen Kunst*, Leipzig 2019.

Hochschule für Bildende Künste Dresden (Hg.): *Ordnung durch Störung. Micha Brendel, Else Gabriel, Rainer Görss. Via Lewandowksy. Auto-Perforations-Artistik*, Nürnberg 2006.

Palucca, Sie haben ihr Geheimnis

zitiert beziehungsweise formuliert nach:

Akademie der Künste der DDR (Hg.): *Gret Palucca, Arbeitshefte. Positionen zur Vergangenheit und Gegenwart des modernen Tanzes*, Berlin 1982.

Huguette Duvoisin, René Radrizzani (Hg.): *Gret Palucca, Schriften, Interviews, Tanzmanuskripte*, Basel 2008

Palucca: *Palucca über ihre Schule*. Aus den Musikblättern des „Anbruch" 1926, Prospekt IV Tanz Palucca 1926/27, S. 27.

Palucca: *Gedanken und Erfahrungen*, in: Rudolf von Laban, Mary Wigman und andere: *Die tänzerische Situation unserer Zeit. Ein Querschnitt*, Dresden 1936, S. 10.

Gerhard Schumann (Hg.): *Palucca. Porträt einer Künstlerin*, Berlin 1972.

Staatliche Kunstsammlungen Dresden (Hg.): *Künstler um Palucca. Ausstellung zu Ehren ihres 85. Geburtstages*, Dresden 1987

Bildnachweis

Angela Rannow, Es ist nicht immer nett
Palucca, PHfT Dresden, Hochschularchiv, F1 (1945-1999), I. Num. 288;
Foto: Evelyn Richter

Hanne Wandtke, Vor der Wende hatte ich viel mehr Mut
Hanne Wandtke 10_1958, Aus dem Unterrichtsfach NKT, PHfT Dresden,
Hochschularchiv, F1 (1945-1999), Foto: Erich Höhne
1983 Sommerkurs_Hanne_Wandtke_66_Hoehne, PHfT Dresden, Hochschularchiv,
F1 (1945-1999), Foto: Erich Höhne
Hanne und Harald Wandtke mit Palucca, Palucca Schule, 1986, SLUB Dresden,
Deutsche Fotothek, Datensatz 70606330, Foto: Erich Höhne. (Aufn.-Nr.: df_
hpm_0005824_014)
Blaue Fabrik (unbekannt), PHfT Dresden, Hochschularchiv, F1 (1945-1999);
Foto: Bildermann
Strip-Marie, Dresden 1990, PHfT Dresden, Hochschularchiv, F1 (1945-1999),
Foto: Bildermann

Palucca, Sie haben ihr Geheimnis
1986_NKT_bei_Palucca_Bersch, PHfT Dresden, Hochschularchiv,
Foto: Günter Bersch

Mario Schröder, Wie wichtig es ist, ein Mensch zu sein
1985 a, Schueler Mario Schroeder_190_Proelss, PHfT Dresden, Hochschularchiv, F1
(1945–1999), Foto: Siegfried Prölß

Textnachweis

Hanne Wandtke, Rede auf dem Theaterplatz

Dresden Theaterplatz 19. November 1989, Herbst 1989 – Dokumente des XX. Jahrhunderts. Kompletter, restaurierter Originalton der Veranstaltung plus Video-Track: „Aktuelle Kamera" und „AK 2" vom Tage.

Förderer und Herausgeber der CD: Stiftung zur Aufarbeitung der SED-Diktatur.

Bereitstellung von Dokumenten: Stiftung Deutsches Rundfunkarchiv

Tonaufnahme und Realisation: CPE TV & Filmproduktion Claus-Peter Eberwein, Ton-Ing. Lo. Colditz, Edition semper idem, SAXON. No 1.

S. 190/191 Palucca Tanzwoche Hiddensee, Projekt des Bachelorstudiengangs Tanz, Leitung Prof. Katharina Christl, Vitte, 2024, Foto: Bernd Hentschel

Impressum

Mut Palucca
Faszination und Verantwortung
Herausgegeben von Katharina Christl und Angela Rannow

Bibliografische Informationen der Deutschen Nationalbibliothek

Die Deutsche Nationalbibliothek verzeichnet diese Publikation in der Deutschen Nationalbibliografie; detaillierte bibliografische Daten sind im Internet über http://dnb.dnb.de abrufbar.

Verlag Theater der Zeit
Winsstraße 72 | 10405 Berlin | Germany
www.tdz.de | info@tdz.de

Layout, Satz, Bildbearbeitung: mahlke.one
Lektorat: Sophie-Margarete Schuster

Angela Rannow übersetzte die Texte der folgenden Autor:innen vom Englischen ins Deutsche:
Martin Balában, Ella Jade Ravat, Catherine Rinehart Beer, Avatâra Ayuso, Ich bin in uns alle verliebt, Niko Adachi, Simon Voitoux-Puigrenier, Florian Gerhardt, Liam Meier, Frida Stenvall, Luccio Navarro, Antonio Ferrante, Anna Krasnikova, Noé Valdes Vega, Immer im Ungewissen, Eiya Ishikawa, sowie alle Stimmen der Studierenden

Printed in Germany

ISBN 978-3-95749-577-8 (Paperback)
ISBN 978-3-95749-578-5 (ePDF)

KULTURSTIFTUNG DRESDEN der Commerzbank

Diese Maßnahme wird mitfinanziert durch Steuermittel auf der Grundlage des vom Sächsischen Landtag beschlossenen Haushaltes.

STAATSMINISTERIUM FÜR SOZIALES, GESUNDHEIT UND GESELLSCHAFTLICHEN ZUSAMMENHALT | Freistaat SACHSEN